Escritos sobre el colonialismo

Simone Weil

Escritos sobre el colonialismo

Edición y prólogo a cargo de Cristina Basili

Traducción de Elena M. Cano
e Íñigo Sánchez-Paños

Alianza editorial
El libro de bolsillo

Primera edición: septiembre de 2025

Diseño de colección: Estrada Design
Diseño de cubierta: Manuel Estrada
Fotografía de cubierta: Javier Ayuso

PAPEL DE FIBRA
CERTIFICADA

© de la edición y el prólogo: Cristina Basili, 2025
© de la traducción: Elena M. Cano e Íñigo Sánchez-Paños, 2025
© Alianza Editorial, S. A., Madrid, 2025
    Calle Valentín Beato, 21
    28037 Madrid
    www.alianzaeditorial.es

ISBN: 979-13-7009-023-4
Depósito legal: M-11893-2025
Printed in Spain

Índice

Prólogo
La necesidad de arraigo
por Cristina Basili

Simone Weil ilumina el panorama intelectual del siglo XX como una llamarada intempestiva. A su muerte, en 1943, con tan solo 34 años, deja un puñado de artículos aparecidos en revistas, en su mayoría de carácter político o sindical. Su fama ya circulaba en Francia —los retratos que le dedican Simone de Beauvoir y George Bataille son mordaces y significativos[1]—, pero solo después de su muerte amigos y familiares empezaron a publicar el resto de sus escritos. El relato de las vicisitudes editoriales de la obra no tiene un mero valor anecdótico, sino que sirve para poner de relieve la necesidad de superar una visión parcial y fragmentaria de la producción intelectual de una filósofa extremadamente prolífica[2].

1. Véase S. de Beauvoir, *Memorias de una joven formal*, Barcelona, Edhasa, 1989; G. Bataille, *El azul del cielo*, Barcelona, Tusquets Editores, 1990.
2. Para una reconstrucción detallada de la historia de la publicación de la obra weiliana, véase G. Gaeta, «I *Cahiers*. Storia di un'opera postuma», en S. Weil, *Quaderni*, vol. 1, Adelphi, Milán, 1982, pp. 18-24.

Los primeros volúmenes se publicaron póstumamente como resultado de dos líneas editoriales distintas y paralelas entre sí. El filósofo Gustave Thibon y el dominico Padre Jean-Marie Perrin custodian el legado de los escritos redactados en Marsella a comienzos de los años cuarenta, en una época en la que Weil se acerca cada vez más al cristianismo, hasta quedarse en la puerta de la Iglesia católica[3]. Estos proceden a publicar los manuscritos en su poder, en su mayoría en forma antológica, ofreciendo un retrato inédito de una pensadora dedicada a investigar la esfera de lo sobrenatural, atenta a la gramática del alma humana e interesada en sondear el misterio de la fe. Esta operación asesta un primer golpe a la imagen de una intelectual comprometida, observadora radicalmente crítica de los acontecimientos de su tiempo, que podía desprenderse de los testimonios y escritos publicados en vida.

Por otro lado, los padres de Weil, en el intento de devolver una imagen exhaustiva de su pensamiento, publican una serie de volúmenes en los que se reúnen ensayos, fragmentos, artículos y cartas siguiendo un criterio temático que trata de recorrer la totalidad del arco de la producción de la autora. Sin embargo, estas publicaciones adolecen de un aparato crítico que oriente la lectura[4].

En consecuencia, la impresión que se crea en los primeros intérpretes es aquella de un pensamiento que ve alternarse dos fases distintas. A una primera etapa en la que

---

3. Sobre las reservas de la filósofa con respecto a su ingreso en la Iglesia católica, véase S. Weil, *Carta a un religioso*, Trotta, Madrid, 2011.
4. Las tensiones entre los padres de Weil y su hermano con respecto a las modalidades de publicación de la obra quedan reconstruidas en S. Weil, *En casa de los Weil: André y Simone*, Trotta, Madrid, 2011.

predomina el interés de una joven militante cercana a la izquierda revolucionaria por cuestiones políticas y sociales, le seguiría otra, aproximadamente entre 1938 y 1943, en la que Weil, tras un tormentoso acercamiento al cristianismo, se dedicaría a explorar de manera profundamente ecléctica y original cuestiones de índole metafísica y religiosa.

A colación de estas vicisitudes y para poder recuperar el verdadero alcance de una labor intelectual profundamente coherente en su progresión[5], resulta indispensable desentrañar el nudo que conecta la historia de la transmisión de la obra con su recepción. En las últimas décadas, la publicación de la edición crítica de la obra completa por la editorial Gallimard de París ha contribuido a devolver la imagen de una pensadora que siguió dedicándose a la política hasta los últimos años de su breve vida[6].

Desde esta perspectiva, el interés por la espiritualidad, la religión y las tradiciones místicas no debe leerse solamente como el resultado de un complejo itinerario personal —sucesivo al abandono de la militancia y del activismo social—, sino como parte integrante de un pensamiento que, frente a la progresiva tecnificación moderna de la política, procede a la recuperación de la dimensión de la trascendencia con el fin de poner nuevos cimientos para la reconstrucción de las sociedades democráticas después de la guerra[7].

5. Sobre la continuidad en la obra de Weil, véase R. Chenavier, *Simone Weil. Une philosophie du travail*, Cerf, París, 2001.
6. Cfr. S. Weil, *Œuvres complètes*, «Écrits de New York et Londres (1942-1943): Questions politiques et religieuses», t. 5, vol. 1, Gallimard, París, 2019.
7. Sobre este tema me permito reenviar a C. Basili, «Simone Weil pensatrice del reale», *Rivista Italiana di Filosofia Politica*, 3, 2022, pp. 195-218.

Los escritos sobre el colonialismo reunidos en la presente edición —ensayos, artículos y fragmentos inéditos redactados entre 1936 y 1943— ilustran de manera ejemplar tanto la continuidad de la reflexión de Weil sobre la política a lo largo de los años como su esfuerzo, en el que la referencia a lo «sobrenatural» desempeña un papel clave, por superar la visión tradicional de esta y elaborar un aparato categorial capaz de nombrar los desafíos del naciente orden global.

A pesar de que sigan siendo, quizás por la naturaleza a veces provisoria de los materiales a disposición, uno de los lugares menos transitados de su obra, estos textos permiten revelar cómo la filósofa apunta tempranamente la cuestión colonial como uno de los problemas fundamentales de su tiempo. Una preocupación que seguirá acompañándola tanto en el exilio de Nueva York —donde Weil huye con su familia de las persecuciones sufridas por su origen judío— como durante la posterior estancia en Londres, donde colabora con la Resistencia francesa liderada por el General De Gaulle[8]. Por tanto, se trata de un testimonio valioso que da cuenta de la radicalidad crítica y del afán creador de una autora que, mientras denuncia las formas contemporáneas de la violencia, no deja de pensar en los términos de su superación.

1. En torno a la cuestión colonial

Simone Weil fue una de las primeras intelectuales en la Francia de entreguerras en alzar una voz crítica sobre el co-

---

8. Para una reconstrucción de la biografía intelectual de Weil, véase S. Pétrement, *Vida de Simone Weil*, Trotta, Madrid, 1997.

lonialismo y, a nivel europeo, en reclamar una autocrítica anticolonial[9]. El interés de sus escritos sobre esta cuestión radica en la presencia de una reflexión filosófica que va más allá del escenario político de su tiempo y se plasma en la elaboración de un conjunto de nociones e ideas volcadas a repensar las relaciones internacionales en la nueva coyuntura de guerra.

En los escritos dedicados a la cuestión colonial, Weil desarrolla algunos de los conceptos más relevantes de su pensamiento, como los de «fuerza» y «desarraigo». Su objetivo de fondo consiste en elaborar un análisis del problema que supere el marco establecido por el marxismo de la época. De esas reflexiones —que forjan la teoría a la prueba de los acontecimientos históricos— surge no solamente una crítica radical a una política basada en una visión estatalista, imperialista y eurocéntrica, sino una reflexión de más amplio alcance sobre el futuro de un mundo descolonizado y el papel de Europa dentro del nuevo orden global. Esta operación se acompaña de la búsqueda subterránea de una racionalidad política no tradicional y no violenta para la era de posguerra que lleva el pensamiento de Weil al borde de la utopía —entendida a la manera de Zambrano como horizonte imprescindible para la construcción de una comunidad política democrática[10]—.

Cuando Weil comienza a denunciar las políticas coloniales del Estado francés, a mediados de los años treinta, aún no se había generado en Francia un debate público consis-

---

9. Véase B. P. Davis, *Simone Weil's Political Philosophy. Field Notes from the Margins*, Rowman&Littlefield, Lanham, 2023, cap. 2.
10. Cfr. M. Zambrano, *Persona y democracia*, Alianza, Madrid, 2019.

tente ni un movimiento sólido en contra del colonialismo. Es cierto que el Partido Comunista Francés manifestaba un punto de vista anticolonial y antiimperialista, pero su posición tenía poca credibilidad entre el público general. La vehemencia que puede encontrarse en algunos de los textos —que emplean herramientas como la paradoja, la denuncia y el sarcasmo— responde en buena medida a este contexto, en el que todavía no se había generado un serio debate ni una condena generalizada de las políticas coloniales. Incluso dentro de la izquierda, y en particular del Frente Popular, no se lograba establecer un compromiso coherente entre los intereses de las personas trabajadoras de ciudadanía francesa, de las personas trabajadoras inmigrantes y de los habitantes de los países colonizados[11].

Una de las claves para comprender este grupo de textos radica pues en la voluntad de su autora de visibilizar esos distintos niveles de opresión, así como su punto de contacto en la explotación capitalista, creando las premisas para una lucha en común en el ámbito del movimiento obrero. Con este fin, Weil considera prioritario dar cabida, en el debate público, a la perspectiva de los pueblos colonizados. El desplazamiento de la perspectiva que la filósofa realiza, desde el punto de vista hegemónico del Estado francés —el de quienes detentan el poder— hacia el de quienes padecen la dominación, le permite articular una crítica que desborda, sin embargo, el análisis económico-político, permitiéndole articular un discurso alrededor del marco

11. Para una reconstrucción del contexto histórico-político de los escritos weilianos, véase J. P. Little, «Introduction», en *Simone Weil on Colonialism. An Ethic of the Other*, Rowman&Littlefield, Lanham, 2003, pp. 1-26.

epistémico que posibilita la deshumanización de los sujetos colonizados. Para ello, Weil centra su atención en el dis-
positivo del poder colonial que se manifiesta en las formas
«horroristas» en las que se ejerce la violencia contemporánea, practicada con la intención de violar la humanidad de
las víctimas[12].

A raíz de ello, en estos escritos se encuentra un enfoque
casi fenomenológico, una mirada atenta a dar visibilidad a
los desgarros cotidianos de la dignidad a los que están sometidos los pueblos de las colonias, donde siguen vigentes
prácticas de esclavitud, represión y trabajo forzado. La
atención a la opresión física y moral se ve reforzada, en la
gran mayoría de los artículos, por el uso de una constela-
ción semántica y afectiva evocada por el dolor, la vergüenza
y la angustia, así como por la denuncia del desinterés, la es-
tupidez y la indiferencia de la opinión pública y de los go-
bernantes. Sin embargo, Weil no se limita a expresar un
punto de vista ético basado en la empatía y la compasión,
sino que lleva a cabo un gesto crítico y de autocrítica que, a
su vez, reclama el despliegue de una actuación política.

El artículo redactado en 1937, titulado «En Túnez corre
la sangre» y escrito con motivo de una represión especialmente violenta de una protesta que resultó en la masacre
de varios mineros, ejemplifica esta forma de proceder. El
texto comienza denunciando el desinterés de la opinión
pública francesa con respecto a las condiciones de los trabajadores de las colonias:

12. Véase A. Cavarero, *Horrorismo. Nombrando la violencia contemporánea*,
Anthropos, Barcelona, 2009.

Todo el mundo sabe que el sufrimiento disminuye en función de la distancia. Un hombre que sufre palizas, agotado por el hambre, temblando ante sus jefes, allá lejos, en Indochina, representa mucho menos sufrimiento y menos injusticia que un obrero metalúrgico de la región parisina que no consigue el 15 % de subida de sueldo, o un funcionario víctima de los decretos-leyes. Debe de haber una ley física que se refiere a la inversa del cuadrado de la distancia. La distancia tiene el mismo efecto sobre la indignación y la simpatía que sobre la gravedad[13].

Esta incapacidad de prestar atención, que varía en función de la lejanía al interés individual, no reafirma solamente un tópico de la filosofía moral[14], sino que permite a Weil destacar cómo opera un poder que naturaliza las relaciones de fuerza, basado en un principio de superioridad eurocéntrica y racializada, que convierte a los pueblos indígenas en menos que humanos, en una especie animal, inferior, nacida para ser sometida:

Toda esa gente —amarillos, negros, moros— está acostumbrada a sufrir. Es bien sabido. Desde el tiempo que hace que se mueren de hambre y están sometidos a una arbitrariedad total, ya no les importa nada. La mejor prueba es que no se quejan. No dicen nada. Se callan. En el fondo, son de carácter servil. Están hechos para la servidumbre. Si no, opondrían alguna resistencia[15].

13. *Infra*, p. 48.
14. Véase C. Ginzburg, «Matar a un mandarín chino. Implicaciones morales de la distancia», en *Ojazos de madera. Nueve reflexiones sobre la distancia*, Barcelona, Península, 2000, cap. VIII.
15. *Infra*, p. 48.

La naturalización e introyección de este «marco colonial»[16] es la razón por la cual las prácticas rutinarias de sujeción y las condiciones miserables de vida de los pueblos coloniales pueden llegar a pasar desapercibidas sin que ello genere el rechazo o el escándalo que se dedica a los sufrimientos de aquellos que reconocemos como «nosotros». Para ilustrar su argumento, Weil establece un paragón con las contemporáneas masacres en la Guerra Civil Española:

Los niños muertos en Madrid por las bombas de los aviones provocan un escalofrío de indignación y de compasión. Pero nunca pensamos en todos los niños de diez o doce años, hambrientos y sobrecargados de trabajo, que han muerto de agotamiento en las minas de Indochina. Murieron sin que se derramara su sangre. Son muertes que no cuentan. No son muertes de verdad[17].

El marco colonial afecta profundamente la posibilidad de reconocer que otros son «como yo», de admitir que sus vidas cuentan y, por tanto, que sus muertes importan. Por eso, argumenta la filósofa, ha tenido que correr la sangre para darle realidad a la existencia espectral de los trabajadores tunecinos. Sin embargo, esa momentánea llamada de atención, que despierta la conciencia dormida de los burgueses, así como de los camaradas franceses, no es suficiente para Weil. Hace falta desafiar de manera sistemática la producción y reproducción interiorizada, tanto a nivel colectivo como individual, de las narraciones que impiden

16. Véase Davis, *Simone Weil's Political Philosophy,* cit.
17. *Infra,* p. 49.

dar visibilidad a determinadas vidas en su precariedad[18]. Por consiguiente, se trata de que las fuerzas de la izquierda asuman que el poder colonial se ejerce también como una manipulación de la visión y de los afectos que entorpece su propia mirada. De tal modo, Weil apunta a la construcción de la figura del otro, en la que se revela la violencia episté-mica que permea la sociedad francesa y la retórica colo-nial[19].

Así, a partir de este reconocimiento debe desprenderse una acción política determinada. La filósofa, renunciando a una actitud paternalista —que podría derivarse de su posi-ción como intelectual comprometida— quiere que sean los pueblos colonizados quienes asuman el protagonismo en su propia liberación. Por ello, procura desligarse del «ma-niqueísmo» de la dicotomía entre soluciones revoluciona-rias y reformistas, considerando prioritarias una serie de soluciones intermedias —como, por ejemplo, la concesión de la ciudadanía a los colonizados, que los elevaría de la condición de súbditos a la de ciudadanos— para que estos puedan transitar hacia la independencia sin que se agraven las condiciones de la población que conllevaría el estallido de una revolución[20].

Se trata de un razonamiento parecido a aquel desarrolla-do en los mismos años con respecto a las condiciones de los obreros y las obreras de Francia: la condición primera de la emancipación de la clase trabajadora radica en la po-

---

18. Cfr. J. Butler, *Marcos de guerra. Las vidas lloradas*, Paidós, Buenos Aires, 2017.
19. Cfr. G. C. Spivak, *Crítica de la razón poscolonial: hacia una historia del pre-sente evanescente*, Akal, Madrid, 2010.
20. Cfr. *Infra*, p. 66.

sibilidad de «hacerles levantar la cabeza»[21]. Solo así los subalternos podrían asumir el protagonismo en su propia liberación, evitando ulteriores sufrimientos a su espalda[22].

Es este un rasgo característico del pensamiento político de Weil, que la lleva a tomar distancia de la tradición marxista, mientras manifiesta las raíces libertarias de su proceder: las cuestiones políticas no deben abordarse de forma exclusiva desde la lógica del poder, sino que es necesario priorizar «el punto de vista humano»[23]. En otros términos, se trata de asumir kantianamente como único fin legítimo la dignidad de los seres humanos. No se trata meramente de establecer un principio ético o moral como norma de la actuación política, sino de replantear desde ese fin los medios utilizados: «La humanidad en política no consiste en invocar constantemente los principios morales, cosa generalmente vana, sino en esforzarse por poner en primer plano todos los móviles de orden inferior susceptibles de actuar, en una situación dada, en el mismo sentido que los principios morales»[24].

Desde esta perspectiva —que somete la racionalidad instrumental propia de la política moderna al dictamen del respeto hacia la humanidad— cobra sentido actuar de tal manera que se logre una coincidencia de intereses entre colonias y naciones colonizadoras, con el objetivo de poner

---

21. S. Weil, *La condición obrera*, El cuenco de plata, Buenos Aires, 2010, p. 88.
22. Sobre la crítica weiliana a la revolución resultan interesantes especialmente sus reflexiones acerca de la Guerra Civil Española, véase S. Weil, *Escritos históricos y políticos*, Trotta, Madrid, 2013, pp. 517-519. Sobre la participación de la filósofa en la guerra, véase X. Artigas, *Viure la força. Simone Weil i la Columna Durruti*, Descontrol, Barcelona, 2025.
23. *Infra*, p. 68.
24. *Infra*, p. 86.

en el centro la dignidad y el bienestar de los pueblos oprimidos.

En resumen, antes de la guerra, en el contexto de una crítica
a las principales categorías políticas modernas, sobre todo a la
de soberanía, Weil cuestiona la colonización trasladando el
punto de vista de enunciación de la lógica del Estado a la de
las poblaciones conquistadas. Acorde a estas premisas, la pensadora elabora una perspectiva ético-política que constituye
una aportación valiosa a un debate todavía germinal, al tiempo que expresa una posición clara en favor de la descolonización, aunque controvertida en los términos en que se plantea.

En los escritos posteriores, a partir de este resultado,
Weil procede a analizar el fenómeno del colonialismo de
modo genealógico, entendiendo este último como fruto de
una racionalidad basada en la primacía de la fuerza. La filósofa encuadra progresivamente el problema dentro de un
marco teológico-político que le sirve, por un lado, para cri-
ticar la cultura política de Occidente; y, por otro lado, para
recuperar las huellas fragmentarias de un orden simbólico
alternativo —desvelado por diferentes tradiciones místicas—
que podría rastrearse en la propria cultura europea, así
como en varias culturas de Oriente[25]. Una cuestión que
toma todo el protagonismo en los escritos elaborados a
principios de los años cuarenta, cuando la espiritualidad
en sus distintas facetas y manifestaciones se vuelve un eje
central de su vida y de su obra.

---

25. Sobre la problematicidad de las categorías de Oriente y Occidente, se
reenvía a M. Bonazzi, «Orienti, Occidenti», *GNOSIS*, 1, 2024, pp. 12-21.

2. La necesidad del arraigo

Alrededor de la cuestión colonial se condensa la crítica de Weil al Estado-nación, una modalidad de organización política centrada en torno al poder soberano entendido como monopolio legítimo de la violencia. La lógica estatal, forma política de las sociedades capitalistas, conlleva no solo la posibilidad, sino la necesidad de la expansión y de la conquista. Poner de relieve el problema de las colonias significa contestar a un orden fundado en la alianza entre Estado y capital por medio de una solidaridad transversal entre las personas trabajadoras, inmigrantes y habitantes de las colonias.

A finales de los años treinta, esta cuestión queda enmarcada dentro de una problemática de mayor alcance filosófico: el análisis del fenómeno del «totalitarismo» emergente en el panorama político contemporáneo. Weil es una de las primeras intelectuales en utilizar esta controvertida categoría, estableciendo una comparación entre la Alemania nazi y la Unión Soviética estalinista[26]. Uno de los rasgos más originales de la elaboración weiliana acerca de esta cuestión tiene que ver con el diagnostico según el cual el Estado se transforma, en el siglo XX, en un ídolo que requiere adoración, sustituyendo en las sociedades secularizadas todas las formas de la *religio*, del vínculo que uno los seres humanos entre sí y con aquello que los transciende[27].

---

26. Cfr. Weil, *Escritos históricos y políticos*, cit., pp. 226-270. Sobre el aporte de Weil al debate acerca del totalitarismo, véase también: S. Forti, *Totalitarismo. Trayectoria de una idea límite*, Herder, Barcelona, 2014.

27. Cfr. S. Weil, *El arraigo*, Alianza, Madrid, 2025, p. 252. Sobre el tema de la *religio*, véase también M. Cacciari, «Platonismo e gnosi. Frammento su Simone Weil», *Paradosso* (1992), 125-132.

Durante la guerra, el tema de las colonias se vuelve urgente por razones estratégicas —tanto para conseguir el apoyo de Estados Unidos como para obtenerlo de las propias colonias—, pero su relevancia va más allá de las circunstancias concretas porque su estudio le permite a Weil diagnosticar la enfermedad que, causada por el Estado dentro y fuera de sus confines, corroe las sociedades contemporáneas: el «desarraigo», entendido como efecto de una cultura entregada a la fuerza en la que se ha perdido toda «medida», toda posibilidad de contacto entre el ser humano y las condiciones fundamentales de su existencia[28]. Según la pensadora, es necesario poner remedio a este mal mediante una cura que pase por recuperar un contacto con las demás personas y con el mundo, así como con la dimensión espiritual que informa nuestra humanidad. A esa solución, Weil denomina «arraigo»[29].

Una vez detectado el marco colonial que posibilita la explotación y la dominación de los colonizados —volviendo «normales» y aceptables prácticas que no lo serían para los ciudadanos de los países democráticos—, la filósofa puede aplicar los resultados de su análisis a la nueva situación en la que se encuentra Europa, estableciendo no solo una filiación entre colonialismo y totalitarismo, sino una comparación basada en la racionalidad política que sustenta ambos. Esta forma de proceder vertebra ya el texto titulado «Nuevos datos sobre el problema colonial en el Imperio francés», de 1938, en el que Weil escribe:

---

28. Cfr. Weil, *El arraigo*, cit., pp. 102-104.
29. Ivi, pp. 335-517.

Los problemas de la colonización se plantean sobre todo en términos de fuerza. La colonización empieza casi siempre por el ejercicio de la fuerza en estado puro, es decir, por la conquista. Un pueblo sometido por las armas se encuentra de repente bajo el mando de extranjeros de otro color, otra lengua y una cultura muy distinta, convencidos de su propia superioridad [...]. No sería difícil encontrar una colonia perteneciente a un Estado democrático donde la coerción sea en muchos aspectos peor que en el peor Estado totalitario de Europa[30].

El escrito permite poner de relieve la importancia de la reflexión sobre la cuestión colonial para la elaboración de la noción de fuerza. Se trata de una noción con connotaciones diversas —políticas, éticas, morales, sociales y ontológicas— que se sintetizan en el reconocimiento, por parte de la pensadora, de una ley universal que gobierna la materia, incluida la «materia» psicológica y social[31]. En el ensayo *La Ilíada o el poema de la fuerza*, Weil apunta al carácter reificante de la fuerza —a su capacidad de convertir los seres humanos en cosas[32]— mientras en otros escritos hace de ella la pauta irracional que gobierna la historia humana:

Siempre se actúa como un bárbaro ante los débiles. O, al menos, para no negar todo poder a la virtud, podría afirmarse que, como no sea al precio de un esfuerzo de generosidad tan

---

30. *Infra*, pp. 61-62.
31. Sobre este tema, véase S. Weil, *Opresión y libertad*, Página Indómita, Barcelona, 2020, pp. 143-184.
32. Cfr. S. Weil, *La* Ilíada *o el poema de la fuerza*, Trotta, Madrid, 2023.

raro él mismo como resulta serlo el genio, siempre se es bárbaro ante los débiles[33].

En el texto citado, la filósofa afirma que la conquista es el
uso de la fuerza en su forma más pura, estableciendo una
comparación entre el dominio de las colonias y los gobiernos totalitarios. Esto le permite visibilizar, mediante la referencia a las prácticas «totalitarias» de los gobiernos democráticos, no solo la doble moral que los anima, sino también
los marcos de inteligibilidad mediante los cuales se diferen-
cian los fenómenos políticos, así como las coberturas ideo-
lógicas que los sustentan. Ahora bien, la conquista conlleva
siempre el desarraigo de las poblaciones y, en este sentido,
constituye para Weil un mal absoluto que no puede tener
justificación ni legitimación ninguna, por razones que solo
se pueden comprender plenamente tomando en consideración el desarrollo del razonamiento que tiene lugar en los
escritos posteriores.

El problema del desarraigo —entendido como efecto de
la acción de la fuerza en relación con el colonialismo— es
abordado por Weil de manera particular en su importante
texto de 1943, titulado «A propósito de la cuestión colonial
en sus relaciones con el destino del pueblo francés». La filósofa, que en ese momento colabora con la resistencia
francesa en Londres, apunta a la centralidad del problema
de elaborar una «doctrina» en condiciones de inspirar al
pueblo francés durante la resistencia en acto, así como en
el futuro de la reconstrucción posbélica[34].

33. Weil, *Escritos históricos y políticos*, cit., p. 272.
34. *Infra*, p. 114.

A ojos de Weil, el reconocimiento de la relevancia de los móviles «espirituales» en el ámbito de la lucha política —que está en el centro de las reflexiones de aquel periodo— no puede separarse de la cuestión colonial. La pensadora desarrolla la idea según la cual la lucha en contra del nazi-fascismo debe derivar su fuerza de la capacidad de proponer y encarnar un modelo de civilización distinto. Por ello, se vuelve prioritario poner fin a la colonización para actuar de forma acorde al fin perseguido —la creación de una sociedad libre— según un razonamiento similar a aquel desarrollado en los escritos de anteguerra.

De acuerdo al paradigma teológico-político utilizado por la filósofa, la Segunda Guerra Mundial no es solamente una lucha entre potencias, sino que debe entenderse como un enfrentamiento entre dos modelos de civilización que se desprenden de la común raíz europea. Por un lado, el modelo hegemónico, que presenta los resultados catastróficos de aquel culto de la fuerza que, según la reconstrucción ofrecida por Weil, sigue los derroteros de la historia de Israel, del Imperio romano, de la Iglesia católica y del Estado-nación, forjados por la alianza entre política y religión. Por otro lado, la filósofa sitúa aquel modelo subterráneo representado por la Europa de la Resistencia, que debería darle nueva vida a los valores de la justicia social promovidos en la Edad Moderna por la Revolución francesa, pero originados en el cristianismo en lo que tiene de místico y «oriental»[35].

Estando así las cosas, el problema del colonialismo se ilumina con una luz distinta. Si el hitlerismo consiste, según

35. *Infra*, p. 127.

Weil, en la aplicación en el continente europeo por parte de Alemania de métodos de conquista colonial, ambos sistemas de dominación propagan el desarraigo de las poblaciones. Dicho de otro modo, los países conquistados sufren la privación de su pasado: son violentamente despojados de sus raíces culturales y reducidos por la fuerza al estado de materia humana. Se deriva de este análisis que, en la comprensión del fenómeno de la colonización, el aspecto cultural es fundamental: los pueblos despojados de sus tradiciones son privados de su propia alma, quedando arrebatadas las condiciones en las que se sustenta la dignidad de la vida humana. Al mismo tiempo, mientras son sometidos por la presunción y la fuerza de los conquistadores a la cultura del vencedor, la técnica seduce y Europa, desarraigada, expande al resto del mundo los males que la afligen: «Por desgracia, no creemos en casi nada. Estamos creando con nuestro contacto una especie de hombres que no creen en nada. Si eso sigue así, algún día sufriremos el contragolpe, con una brutalidad de la que Japón solo nos deja una muestra»[36].

Esto es uno de los aportes más originales de la reflexión de Weil sobre el colonialismo: al reconocer el desarraigo cultural como el sello distintivo de la lógica colonial, logra revelar el ejercicio de la fuerza incluso cuando esta no es inmediatamente visible. La especificidad de su elaboración sobre la fuerza radica precisamente en su capacidad para mostrar cómo esta se relaciona con las estructuras de inteligibilidad de lo humano, dentro de las cuales ciertos sujetos son selectivamente incluidos, mientras que otros son excluidos. Situar los efectos de la fuerza en el centro de la

36. *Infra*, p. 118.

escena le permite invertir la perspectiva de observación de los fenómenos sociales y deslegitimar la justificación de esta como función ordenadora de la política[37].

3. Entre pasado y futuro

Atrapada en el torbellino de la Segunda Guerra Mundial, Weil declara la urgencia de encontrar una solución para la cuestión colonial que pase por una redefinición de los conceptos básicos de la cultura política occidental. Se trata de una operación inacabada y atrevida que anima un intento de subversión del orden simbólico dominante, el cual, a su vez, echa sus raíces —en contra de la lógica intrínsicamente violenta del progreso— en la búsqueda de un pasado guardado en la memoria de los vencidos.

Para Weil, se trata de una investigación de vital importancia, pues en ello se juega el destino de la humanidad: la herida colonial no solo destruye al dominado, sino también al dominador. La Europa de la Resistencia necesita reconectarse con sus raíces para la reconstrucción tanto como los países colonizados las necesitan para su supervivencia, ya que vencer el nazismo significa, ante todo, según la pensadora, vencer los valores que lo animan. Esto solo es posible si los métodos y las ambiciones que se les oponen responden a un orden de valores diferentes; una «alteridad» que, sin embargo, requiere activar en el presente las potencialidades contra-hegemónicas cristalizadas en las épocas pasadas:

37. Cfr. O. Guaraldo, *Comunità e vulnerabilità. Per una critica politica della violenza*, ETS, Pisa, 2012, pp. 83-87.

Sería vano dar la espalda al pasado y pensar solo en el porvenir. Es una ilusión peligrosa creer que en eso exista siquiera una posibilidad. La oposición entre el porvenir y el pasado es absurda. El porvenir no nos aporta nada, no nos da nada; somos nosotros quienes, para construirlo, hemos de darle todo, darle nuestra propia vida. Pero para dar, hay que poseer, y no poseemos otra vida, otra savia, más que los tesoros heredados del pasado y digeridos, asimilados y recreados por nosotros. De todas las necesidades del alma humana, no hay ninguna más vital que el pasado[38].

Para la filósofa, es necesario que Europa abandone sus pretensiones de potencia y que por ello busque, en esa fuente que es el Oriente, un renovado contacto con los tesoros espirituales de su propio pasado. Aunque su análisis, impregnado de cierto «orientalismo», sigue marcado por una visión en parte eurocéntrica y por una quizá ingenua confianza en la «autenticidad» de algunas tradiciones, tiene el mérito de reivindicar el encuentro entre civilizaciones en lugar de su desencuentro. Con la mirada dirigida hacia ese común origen indoeuropeo, la pensadora comprende Oriente como el «pasado presente» de Occidente[39]. Se trata de preservar esa doble raíz en vista de la construcción de un mundo en común que es aquel exigido por la reconfiguración del orden mundial.

La aproximación de Weil plantea un esquema tripartito: por un lado, la amenaza de la hegemonía de Estados Unidos, que representa un Occidente dominado por la técni-

---

38. Weil, *El arraigo*, cit., p. 111.
39. Cfr. *infra*, p. 126.

ca, la ciencia y los principios democráticos, pero desprovisto de pasado y, por tanto, de valores espirituales; por otro, las culturas milenarias conservadas por Oriente, entendido en sentido amplio como un espacio que abarca el Extremo Oriente y el norte de África; y, en el centro, Europa, en un equilibrio precario entre la pérdida de sí misma y la posibilidad de salvarse al reconectarse con su mejor tradición.

La necesidad de replantear las políticas coloniales ante el proceso de descolonización tiene su fundamento último en la importancia de la diferencia como condición para el florecimiento de toda vida espiritual, y por tanto, humana. Para comprender el razonamiento de Weil cabe situarse en el nivel más profundo del reconocimiento de la dependencia esencial de aquellas culturas que un eurocentrismo vacío y presuntuoso, anclado en el prejuicio del progreso, ha creído poder someter o extirpar sin consecuencias.

Lo que parecía una imposición de la situación contingente, es en realidad, según la pensadora, una necesidad no solo para la victoria, sino para la preservación de una civilización que sea digna de tal nombre. No son las colonias «atrasadas y primitivas» las que deben ser civilizadas, sino el Occidente «civilizado» el que debe extraer de ellas nueva savia para un arraigo del ser humano en el universo que contrarreste su pretendida autosuficiencia:

> El fondo de la cuestión es simple. Si las facultades puramente humanas del hombre son suficientes, no hay ningún inconveniente en hacer borrón y cuenta nueva con el pasado y confiar en los recursos de la voluntad y de la inteligencia, para superar todo tipo de obstáculos [...]. Si el hombre necesita una ayuda exterior y si admitimos que esa ayuda es de orden espiritual, el

pasado es indispensable, porque es el depósito de todos los tesoros espirituales[40].

Comprender el alcance de estas reflexiones implica percatarse de las connotaciones sociales y políticas del concepto de «arraigo» que se deriva de ellas. Se trata de la respuesta a la alienación del ser humano en el mundo moderno que pasa por la valorización de una justicia social que permita a cada uno sentirse «en casa» en los lugares que habita, sean estos la fábrica, la patria o el mundo entero. Por lo tanto, arraigo no tiene nada que ver con reivindicaciones nostálgicas, nacionalistas o identitarias, sino con la búsqueda constante de las condiciones que, siempre y ante todo, promuevan el respeto de la clase trabajadora y las personas migrantes, así como hacia los pueblos que sufren las intolerables consecuencias de la expropiación violenta de sus vidas, de sus culturas y de sus tierras.

Weil reescribe la narrativa del enfrentamiento entre civilizaciones, al tiempo que reconoce la doble amenaza de Alemania y Estados Unidos, las dos potencias en las que atisba la misma vocación por el dominio. Se trata de reflexiones que manifiestan en algunos aspectos las limitaciones de su tiempo —en el que Weil sólo podía vislumbrar el establecerse de la hegemonía estadounidense—, pero sobre todo aquellas vinculadas a un vocabulario que se mueve constantemente en el terreno resbaladizo que cubre la distancia entre la ética y la política.

Igualmente, tanto el afán especulativo de Weil como la interpretación en clave teológico-política de la historia de

40. *Infra*, p. 131.

Europa, que se suma a la centralidad otorgada a la espiritualidad, confieren a sus reflexiones una dimensión que las empuja al límite de la política, determinando su posición excéntrica con respecto a la historia del pensamiento.

Es en ese punto donde se halla no solo la originalidad, sino también el valor de la obra de Weil para el presente. Con su capacidad para corroer los márgenes de una realidad que se confunde con el *statu quo*, la pensadora invita a cultivar una actitud crítica y una praxis política que desafíe el orden constituido. Weil afirma con claridad que la justicia es real en primer lugar en el corazón de los seres humanos que la cultivan[41]. La posibilidad de transformar un presente plagado por la guerra pasa por la capacidad de crear un frente común de lucha y resistencia que se alimente de valores y actuaciones que desafíen la lógica del dominio, aun cuando esta se presenta como una necesidad. La filósofa afirma que, frente al desatarse de la más inhumana violencia, el mundo solo puede salvarse por medio de una «locura»[42] especular que es, antes que nada, amor hacia todo aquello que es golpeado por la fuerza. El actual espectáculo de un mundo descolonizado, desgarrado por nuevas guerras que reproducen vieja lógicas, permite evaluar el alcance de los tempranos análisis weilianos, así como la vigencia de una crítica de la teología política las sustenta.

Cristina Basili
Nueva York, junio de 2025

---

41. Cfr. Weil, *El arraigo*, cit., p. 316
42. Cfr. S. Weil, *Escritos de Londres y últimas cartas*, Trotta, Madrid, 2000.

Bibliografía

ARTIGAS, X. *Viure la força. Simone Weil i la Columna Durruti*, Barcelona, Descontrol, 2025.

BASILI, C. «Simone Weil pensatrice del reale», *Rivista Italiana di Filosofia Politica*, 3, 2022.

BATAILLE, G. *El azul del cielo*, Barcelona, Tusquets Editores, 1990.

BEAUVOIR, S. de. *Memorias de una joven formal*, Barcelona, Edhasa, 1989.

BONAZZI, M. «Orienti, Occidenti», *GNOSIS*, 1, 2024, pp. 12-21.

BUTLER, J. *Marcos de guerra. Las vidas lloradas*, Paidós, Buenos Aires, 2017.

CACCIARI, M. «Platonismo e gnosi. Frammento su Simone Weil», *Paradosso* (1992), pp. 125-132.

CAVARERO, A. *Horrorismo. Nombrando la violencia contemporánea*, Anthropos, Barcelona, 2009.

CHENAVIER, R. *Simone Weil. Une philosophie du travail*, Cerf, Paris, 2001.

DAVIS, B. P. *Simone Weil's Political Philosophy. Field Notes from the Margins*, Rowman&Littlefield, Lanham, 2023.

FORTI, S. *Totalitarismo. Trayectoria de una idea límite*, Herder, Barcelona, 2014.

GAETA, G. «I *Cahiers*. Storia di un'opera postuma», en S. Weil, *Quaderni*, vol. 1, Adelphi, Milán, 1982.

GINZBURG, C. «Matar a un mandarín chino. Implicaciones morales de la distancia», en *Ojazos de madera. Nueve reflexiones sobre la distancia*, Barcelona, Península, 2000, cap. VIII.

GUARALDO, O. *Comunità e vulnerabilità. Per una critica politica della violenza*, ETS, Pisa, 2012.

LITTLE, J. P. «Introduction», en *Simone Weil on Colonialism. An Ethic of the Other*, Rowman&Littlefield, Lanham, 2003.

PÉTREMENT, S. *Vida de Simone Weil*, Trotta, Madrid, 1997.

SPIVAK, G. C. *Crítica de la razón poscolonial: hacia una historia del presente evanescente*, Akal, Madrid, 2010.

WEIL, S. *Carta a un religioso*, Trotta, Madrid, 2011.

—, *El arraigo*, Alianza, Madrid, 2025.

—, *En casa de los Weil: André y Simone*, Trotta, Madrid, 2011.

—, *Escritos históricos y políticos,* Trotta, Madrid, 2013.

—, *La condición obrera*, El cuenco de plata, Buenos Aires, 2010.

—, *La Ilíada o el poema de la fuerza*, Trotta, Madrid, 2023.

—, *Œuvres complètes*, «Écrits de New York et Londres (1942-1943): Questions politiques et religieuses», t. 5, vol. 1, Gallimard, París, 2019.

—, *Opresión y libertad*, Página Indómita, Barcelona, 2020.

ZAMBRANO, M. *Persona y democracia*, Alianza, Madrid, 2019.

Escritos sobre el colonialismo

Carta a los indochinos[1]

[En 1930, los nacionalistas indochinos intentaron levantar las tropas indígenas de Yen-Bay (Tonkín) contra los oficiales y suboficiales franceses. Fracasaron. La represión de las autoridades francesas fue despiadada].

Con dolor y vergüenza yo, una joven francesa que nunca ha salido de Europa, me dirijo a los indochinos a través de este periódico. Ese dolor y esa vergüenza vienen de lejos. De hace más de cinco años. Desde hace más de cinco años, no han dejado de pesarme en el alma.

Nunca se me olvidará. Fue cuando la Exposición Colonial[2]. El asunto sangriento de Yen-Bay, seguido de una re-

---

1. Proyecto de artículo, invierno de 1936-1937.
2. La Exposition Coloniale Internationale se celebró en París, del 6 de mayo al 15 de noviembre de 1931, con productos y realizaciones de las colonias y los territorios franceses de ultramar, y aportaciones de otros países colonizadores. *(N. de los TT.)*.

presión sangrienta, había recordado a Francia que existía una Indochina. *Le Petit Parisien* publicaba en portada una valiente y documentada investigación de Louis Roubaud. Yo compraba ese periódico todas las mañanas y, mientras desayunaba a toda prisa, devoraba el artículo de Louis Roubaud. Veía cómo reclutaban a los culis, cómo les pegaban, cómo sucedía que algunos capataces blancos lisiaban o molían a patadas a los trabajadores anamitas en presencia de sus compañeros, demasiado aterrorizados para intervenir. Unas lágrimas de vergüenza me ahogaban y no podía seguir comiendo. En la Exposición Colonial, veía luego que la multitud, entre la que no pocos leían *Le Petit Parisien*, contemplaba con admiración beatífica la reproducción del templo de Angkor, estúpidamente indiferente a los sufrimientos causados por el régimen así simbolizado. Desde entonces, nunca he podido pensar en Indochina sin sentir vergüenza de mi país.

Hoy tenemos un Gobierno del Frente Popular[3]. El espíritu tan evidentemente generoso y humano del jefe de Gobierno se ha ganado las simpatías de todos los hombres de buena fe. El ministro de Colonias es socialista. Por primera vez se abre la esperanza de que Indochina deje algún día de ser motivo de vergüenza para los franceses bien informados.

El poder de un Gobierno, sin embargo, es limitado, sobre todo cuando existen tantos enemigos y tantas dificulta-

---

3. La denominación oficial del Front Populaire ('Frente Popular') era Rassemblement Populaire ('Coalición Popular'). Se trataba de una coalición de partidos políticos de izquierda (1935). La autora utiliza indistintamente en sus textos uno u otro nombre y así se recoge en la traducción. Gobernó en Francia de 1936 a 1939. *(N. de los TT.).*

des por superar. Vosotros, amigos, hermanos de Indochina, debéis ayudarlo a que mejore vuestra suerte, a que os lleve a vuestra liberación. Es cierto que se trata de un concepto difícil y peligroso que, por desgracia, se cobrará víctimas y exigirá sacrificios.

El jefe de Gobierno y el ministro son socialistas, pero quienes ejecutan sus instrucciones, quienes les aportan información, quienes los rodean con su influencia, no lo son.

Este periódico debe servir para establecer un vínculo entre vosotros y quienes, en Francia, piensan en vosotros. Utilizadlo para insistir ante Francia; para informarnos, para decirnos lo que está yendo mejor que antes y lo que, a pesar del cambio de Gobierno, sigue sin ir bien. Decid todo lo que pensáis. Se adula a los tiranos, a los amigos, en cambio, se les habla con franqueza.

Marruecos o Sobre la prescripción en materia de robo[1]

El comienzo del año 1937 nos trajo una alarma candente. El territorio de la patria estaba amenazado. Toda la prensa diaria, sin excepción alguna, unánime como en aquellos cuatro años tan bellos, tan rápidamente transcurridos, en que los corazones de todos los franceses latían al unísono, toda la prensa se levantó con orgullo en defensa del suelo sagrado. Las disensiones civiles se desvanecieron ante aquel magnífico impulso.

Sí, el territorio de la patria estaba amenazado. ¿Qué parte del territorio, por cierto? ¿Alsacia-Lorena? Sí, eso es. O más bien no, no era exactamente Alsacia-Lorena, sino algo equivalente. Era Marruecos. Sí, Marruecos, esa provincia tan esencialmente francesa. Alemania, cosa a penas creíble, parecía mostrar veleidades de querer apoderarse de la población marroquí, de arrancarla de las tradiciones hereda-

1. *Vigilance*, n.º 48/49, 10 de febrero de 1937.

das de sus antepasados, los galos de cabello rubio y ojos azules. ¡Una pretensión absurda! Marruecos siempre ha sido parte de Francia. Si no siempre, al menos desde tiempos casi inmemoriales. Sí, exactamente desde diciembre de 1911. Para cualquier mente imparcial, es obvio que un territorio que pertenece a Francia desde 1911 es francés de pleno derecho para toda la eternidad.

Algo que, por otra parte, queda aún más claro si nos fijamos en la historia de Marruecos. Una historia que debe hacer sentir, incluso al más indiferente, que Marruecos es, en cierto modo, una segunda Lorena para Francia.

***

Hasta 1904, nunca se había cuestionado la independencia de Marruecos, al menos en textos diplomáticos. Lo único que se había acordado en la Conferencia de Madrid (1880) era que todas las potencias tenían derecho al trato de nación más favorecida para sus intercambios comerciales.

En 1904, Francia e Inglaterra sintieron la necesidad de ajustar cuentas tras la derrota infligida a Francia en Fachoda. Hasta ese momento, Francia, en nombre de los derechos humanos, había defendido con toda nobleza la independencia del pueblo egipcio. En 1904, permitió que Inglaterra pisoteara esa independencia. A cambio, Inglaterra le entregó Marruecos.

Se firmó un tratado que incluía el control inmediato de Egipto por parte de Inglaterra y el eventual reparto de Marruecos entre Francia y España. Como Francia siempre es leal, tal reparto solo se incluyó en las cláusulas secretas del tratado. Las cláusulas públicas, en cambio, garantizaban solemnemente la independencia de Marruecos.

¿Le llegó a Alemania noticia de algo? En cualquier caso, aquel tratado franco-británico no le sugería nada bueno. Alemania quería su parte de Marruecos. ¡Una pretensión insostenible! A partir de ese momento, Marruecos pertenecía legítimamente a Francia. ¿No lo había pagado? Lo había pagado con la libertad de los egipcios.

Guillermo II pronunció un contundente discurso en Tánger. Alemania reclamó una conferencia internacional para resolver la cuestión marroquí. Delcassé, ministro de Asuntos Exteriores, se mantuvo firme. Estábamos literalmente al borde de la guerra cuando Delcassé fue apartado. Podríamos decir que eso nos libró por los pelos. El sucesor de Delcassé cedió.

La Conferencia de Algeciras (1906), firmada por todas las potencias europeas, no concedía a Francia ningún privilegio, salvo el de proporcionar al Sultán, durante cinco años, unas cuantas decenas de instructores para su policía indígena. No podía haber ninguna fuerza militar europea en Marruecos y las distintas potencias debían disfrutar de derechos económicos iguales.

De modo que la pregunta que se planteaba entonces era: ¿cómo violar la Conferencia de Algeciras? Tal Conferencia, en efecto, era nula de pleno derecho, puesto que no concedía Marruecos a Francia. Cosa que debe tener clara cualquier inteligencia media.

Solo mentes primarias podrían comparar la violación de la Conferencia de Algeciras con la violación del Tratado de Versalles (1919). Son dos casos que no tienen nada que ver el uno con el otro. La Conferencia de Algeciras era desfavorable a Francia y, por tanto, nula desde el primer momento. El Tratado de Versalles debía ser eterno por la razón contraria.

Después de 1906, se intentaron diversas combinaciones con Alemania, que también estaba deseosa de violar la Conferencia de Algeciras, pero —¡avidez monstruosa!— con la condición de obtener algún beneficio. Llegaron incluso a ofrecerle un puerto en Marruecos con *Hinterland*. El intento era compartir con Alemania el poder económico en Marruecos, pero como Francia quería al mismo tiempo reservarse todo el poder político, semejante solución resultó inviable.

En 1917, finalmente, Francia estimó que había llegado el momento de actuar. Envió simple y llanamente tropas a Fez, capital de Marruecos. Alegó que estaban empezando a producirse disturbios que ponían en peligro la vida de los europeos, y prometió retirar las tropas en cuanto se restableciera la seguridad. Nunca se ha sabido si realmente había habido peligro. En cualquier caso, la ocupación militar de Fez, llevada a cabo sin consultar formalmente a las potencias signatarias de la Conferencia de Algeciras, acabó por romper la ridícula Conferencia.

Una vez instalada en Fez, huelga decir que Francia nunca se retiró. La preocupación por el prestigio, cosa que —cuando se trata de Francia— es mucho más importante que el derecho internacional, se lo impedía.

Al cabo de unos meses, Alemania, viendo que las tropas francesas seguían en Fez, envió un buque de guerra a la costa marroquí, a Agadir. Alemania se obstinaba en reclamar su parte.

Caillaux, que acababa de llegar al poder, inició las negociaciones. Estas concluyeron a finales de 1911. Mientras tanto, la guerra había estado en varias ocasiones a punto de estallar. Finalmente, un tratado franco-alemán reconoció el protectorado francés en Marruecos, a cambio de la cesión de una pequeña parte del Congo francés al Camerún alemán.

El Gobierno alemán se había dejado engañar. Alemania lo intuyó.

El estallido de agosto de 1914 fue, sin duda, en parte consecuencia de la expedición militar a Fez. Esa fue al menos la opinión expresada por Jaurès en su último discurso (en Vaise, el 28 de julio de 1914).

Lo mejor fue que, tras la victoria, recuperamos la parte del Congo cedida en 1911, tomamos Camerún y conservamos Marruecos.

***

Alemania quiere ahora impugnar las cláusulas coloniales del Tratado de Versalles. Puede hacerlo de dos maneras. Puede reclamar Camerún tal y como lo tenía en 1914, o puede considerar el tratado de 1911 como anulado por Versalles, y reclamar los derechos sobre Marruecos que había cedido a cambio de la ampliación de Camerún.

Afortunadamente, la cuestión no se plantea. Todo el mundo sabe que el Tratado de Versalles es intangible. Y además Marruecos se convirtió en la carne misma de Francia, por los sacrificios que se hicieron por él. Sacrificios no solo en hombres y en dinero, sino de un orden mucho más serio. De cara a Marruecos, Francia se comportó como auténtica «potencia colonial»: vendió las libertades egipcias, firmó un tratado cuyas cláusulas secretas contradecían las cláusulas públicas, violó abiertamente otro tratado. Tales sacrificios morales, para la nación más leal del mundo, confieren derechos sagrados.

Quede claro, por lo tanto, y que Alemania no lo dude: el más mínimo desembarco de tropas alemanas en Marruecos nos encontraría a todos decididos a matar y a morir.

Es cierto que, según las últimas noticias, parece que no había tropas alemanas en Marruecos. Pero ¿qué más da? La presencia de ingenieros alemanes en el Marruecos español es innegable, como lo es el hecho de que el mineral de hierro marroquí se envía a Alemania. Es obvio que todo control económico de Alemania sobre una parte de Marruecos sería intolerable. Ningún tratado lo prohíbe, pero la prohibición se sobreentiende.

Alemania carece del más elemental sentido del decoro. Buena prueba de ello es el asunto ese de las concesiones económicas en las colonias portuguesas. Por supuesto, ningún tratado prohíbe que Portugal y Alemania lleguen a acuerdos de ese tipo. Pero ¿tendría que ser necesario que se prohibiera?

Dado que Alemania necesita que pongamos los puntos sobre las íes, lo haremos. Habíamos querido, por cortesía, ahorrarle ciertas verdades desagradables, con la esperanza de que supiera cuál era su lugar.

Como no lo sabe, nuestro Gobierno convoca una conferencia internacional para completar el Tratado de Versalles con dos añadidos: Un añadido al preámbulo, con la siguiente definición: «Toda situación internacional en la que Alemania sea económica, militar y políticamente inferior a Francia constituye un estado de paz. Todo aquello que tendiera a que las fuerzas alemanas igualaran o superaran a las francesas sería una provocación de guerra».

45

Y una nueva cláusula, cuya legitimidad salta a la vista: «Toda expansión económica de Alemania, ya sea en términos de salidas comerciales o de materias primas, es contraria al derecho internacional. Solo serán posibles algunas derogaciones con la autorización formal de Francia».

Si el Gobierno del Frente Popular, si los partidos del Frente Popular no han entendido todavía que ahí es donde está su deber, el Comité de Vigilancia sabrá recordárselo.

¡Y alrededor de tan justa política se realizará por fin la unión de la nación francesa!

En Túnez corre la sangre[1]

«Sangre en primera plana» en los periódicos obreros. En Túnez corre la sangre.

¿Quién sabe? ¿Nos acordaremos quizá de que Francia es un pequeño rincón de un gran Imperio, y que dentro de ese Imperio sufren millones y millones de trabajadores?

El Frente Popular lleva ocho meses en el poder, pero aún no hemos tenido tiempo de acordarnos de ellos. Cuando los metalúrgicos de Billancourt tienen problemas, Léon Blum recibe a una delegación; se toma la molestia de ir a la Exposición para hablar con los obreros de la construcción; cuando cree que los funcionarios se quejan, les dedica expresamente un hermoso discurso por la radio, solo para ellos. Pero a los millones de proletarios de las colonias, nosotros, todos nosotros los habíamos olvidado.

1. *Feuilles libres,* marzo de 1937.

En primer lugar, están lejos. Todo el mundo sabe que el sufrimiento disminuye en función de la distancia. Un hombre que sufre palizas, agotado por el hambre, temblando ante sus jefes, allá lejos, en Indochina, representa mucho menos sufrimiento y menos injusticia que un obrero metalúrgico de la región parisina que no consigue el 15 % de subida de sueldo, o un funcionario víctima de los decretos-leyes. Debe de haber una ley física que se refiere a la inversa del cuadrado de la distancia. La distancia tiene el mismo efecto sobre la indignación y la simpatía que sobre la gravedad.

Además, toda esa gente —amarillos, negros, moros— está acostumbrada a sufrir. Es bien sabido. Desde el tiempo que hace que se mueren de hambre y están sometidos a una arbitrariedad total, ya no les importa nada. La mejor prueba es que no se quejan. No dicen nada. Se callan. En el fondo, son de carácter servil. Están hechos para la servidumbre. Si no, opondrían alguna resistencia.

Hay algunos que sí oponen resistencia, pero esos son «cabecillas», «agitadores», probablemente pagados por Franco y Hitler; contra ellos solo caben medidas represivas, como la disolución de la Estrella Norteafricana[2].

Y además no hay nada espectacular en el drama de esa gente. Al menos, hasta el último incidente. Los tiroteos y las masacres hablan a la imaginación: causan sensación, hacen ruido. Pero las lágrimas derramadas en silencio, la desesperación muda, las revueltas reprimidas, la resignación,

---

2. L'Étoile nord-africaine (ENA, 'Estrella Norteafricana'): véase pp. 70-80. «Esos miembros palpitantes de la patria...», donde se trata con más detalle la historia de esta organización. (N. de los TT.).

el agotamiento, la muerte lenta... ¿a quién se le iba a ocurrir preocuparse por semejantes cosas? Los niños muertos en Madrid por las bombas de los aviones provocan un escalofrío de indignación y de compasión. Pero nunca pensamos en todos los niños de diez o doce años, hambrientos y sobrecargados de trabajo, que han muerto de agotamiento en las minas de Indochina. Murieron sin que se derramara su sangre. Son muertes que no cuentan. No son muertes de verdad.

En el fondo, nosotros —y cuando digo nosotros me refiero a todos los que pertenecen a alguna organización de la Coalición Popular— somos exactamente iguales que los burgueses. Un patrón es capaz de condenar a sus obreros a la miseria más atroz y de conmoverse por un mendigo que se encuentra en su camino; y nosotros, que nos unimos en nombre de la lucha contra la miseria y la opresión, somos indiferentes ante el destino inhumano que sufren lejos de aquí millones de hombres que dependen del Gobierno de nuestro país. A ojos de los burgueses, los sufrimientos físicos y morales de los obreros no existen mientras estos callen, y los patronos los obligan a callar por la fuerza. También nosotros, franceses «de izquierdas», seguimos imponiendo las mismas limitaciones despiadadas a los indígenas de las colonias y, como el terror los hace enmudecer, tenemos la vaga impresión de que allí lejos las cosas no están tan mal, que no sufren demasiado, que están acostumbrados a las privaciones y a la servidumbre. La burguesía se interesa por un crimen, un suicidio, un accidente ferroviario, y nunca piensa en aquellos cuyas vidas aplasta, tritura y destruye lentamente el funcionamiento cotidiano de la máquina social. Y tampoco nosotros, ávidos de noticias sensacionalistas, hemos dedicado pensamiento alguno a los millones de seres humanos que habían puesto sus esperanzas únicamente en nosotros, que desde un abismo de esclavitud y desgracia volvían sus ojos hacia nosotros, y que, desde hace ocho meses, sin estruendo y sin alharacas, están pasando paulatinamente de la esperanza a la desesperación.

Ahora ya se ha derramado sangre. La tragedia colonial ha pasado a ser un suceso en los periódicos, lo único accesible a nuestra sensibilidad y a nuestra inteligencia rudimentarias. A partir de este momento, ya no podemos presumir de que el famoso «experimento» se lleva a cabo sin derramamiento de sangre. La sangre lo ha mancillado.

Es fácil hablar de responsabilidades y de sabotaje. Sin investigación, sabemos dónde se encuentran las responsabilidades. Que cada uno de nosotros se mire al espejo y verá a uno de los responsables. ¿Acaso el Gobierno actual no gobierna en nombre de la Coalición Popular? Sus miembros no están en absoluto en tela de juicio; sobrecargados de trabajo y abrumados como están, es inevitable que su actividad dependa en gran medida de las preocupaciones que se les imponen. Si, por ejemplo, Léon Blum hubiera considerado que nos preocupaba más la esclavitud colonial que los sueldos de los funcionarios, seguramente habría dedicado a las colonias el tiempo empleado en preparar un buen discurso para los funcionarios.

Sea como fuere, hay que decir que, hasta ahora, la obra colonial del Gobierno ha consistido en poco más que la disolución de la Estrella Norteafricana. Se dirá que las reformas coloniales no estaban previstas en el programa de la Coalición Popular. Tampoco estaba prevista la disolución no motivada de la Estrella Norteafricana. Ni tampoco, por otra parte, los muertos en Túnez. Son muertos fuera de programa.

Cuando pienso en una posible guerra, debo reconocer que el horror y el pavor que me causa tal perspectiva se mezclan con un pensamiento siquiera algo reconfortante. Y es que una guerra europea podría servir de señal para la gran revancha de los pueblos coloniales que castigara nuestra despreocupación, nuestra indiferencia y nuestra crueldad.

Una protesta[1]

La sección de Saint-Quentin del Comité de Vigilancia de los Intelectuales Antifascistas pide unánimemente al Comité Central que proteste con toda energía contra la condena de Messali y de sus compañeros por la reconstrucción de una liga disuelta, condena tanto más escandalosa cuanto que los dirigentes de las ligas fascistas reconstituidas nunca han sido perseguidos de verdad, y que la Estrella Norteafricana, de la que algunas organizaciones de la Coalición Popular habían exigido, después de su disolución, la exclusión, nunca ha sido excluida, y por consiguiente sigue formando parte de la mencionada Coalición Popular. La sección de Saint Quentin constata con dolor que, en general, África del Norte sigue sometida al mismo régimen de brutalidad, de terror y de opresión que bajo los gobiernos anteriores. Y llama la atención sobre las consecuencias fu-

---

1. *Vigilance,* n.º 61, 10 de enero de 1938.

nestas y merecidas que podrían derivarse de la desesperación de las masas indígenas, empujadas con tanta mayor
seguridad hacia el lado fascista cuanto que se les prohíbe
organizarse en el marco de la Coalición Popular.

¿Quién es culpable de las maquinaciones antifrancesas?[1]

Al condenar a Messali a dos años de prisión, el tribunal desestimó la acusación de maquinaciones antifrancesas. ¿Qué podemos concluir de eso, aparte de que no se han podido constatar maquinaciones antifrancesas por parte del Partido del Pueblo Africano? Y sin duda, si no ha podido encontrarse ninguna, es porque no las había.

No es menos cierto que el amor a Francia no es muy fuerte en estos momentos entre las poblaciones norteafricanas. Al parecer, hay maquinaciones antifrancesas en ese territorio. Pero ¿quién está llevando a cabo tales maquinaciones? ¿Quién es culpable de hacerles el juego a las ambiciones fascistas desacreditando a Francia y al régimen democrático?

En lo que a mí respecta, soy francesa. Nunca he estado en África del Norte. Ignoro todo sobre las complicadas in-

1. Escrito quizá en 1938.

trigas que Alemania e Italia pueden urdir entre la población musulmana. Pero creo que sé lo suficiente para elevar una acusación. Una acusación que ningún tribunal confirmará, por supuesto.

Acuso al Estado francés y a los sucesivos Gobiernos que lo han representado hasta la fecha, incluidos los dos Gobiernos del Frente Popular; acuso a las administraciones de Argelia, de Túnez y de Marruecos; acuso al general Noguès, acuso a buena parte de los colonos y funcionarios franceses de llevar a cabo maquinaciones antifrancesas en África del Norte. Todos los que alguna vez han tratado a un árabe con desprecio; los que hacen que la policía derrame sangre árabe; los que han llevado a cabo y siguen llevando a cabo la expropiación progresiva de los campesinos indígenas; los que, colonos y empresarios, tratan a sus obreros como bestias de carga; los funcionarios que aceptan y exigen que se les pague un tercio más por el mismo trabajo que a sus colegas árabes; esos son los que siembran en territorio africano el odio a Francia.

Con ocasión de las ocupaciones de fábricas de junio de 1936, Francia se dividió en dos bandos. Unos acusaron a los obreros militantes, unos «cabecillas», unos «agitadores», de haber provocado los disturbios. Otros —y estos otros eran, en particular, los miembros y partidarios del Frente Popular— replicaron: No, quienes suscitaron tanta revuelta y amargura entre los obreros, quienes los llevaron a recurrir finalmente a la fuerza, fueron los propios patronos, a causa de la coacción, del terror y de la miseria con que habían sometido a los obreros de las fábricas durante años.

En aquel momento, en junio de 1936, los hombres «de izquierdas» comprendieron cómo se planteaba el problema en Francia. Hoy se trata de África del Norte, y esos mismos hombres ya no lo entienden. Lo que se plantea, sin embargo, es el mismo problema, pero no se han dado cuenta. Siempre es el mismo problema, en todas partes. Siempre, dondequiera que haya oprimidos.

Siempre se trata de saber, donde hay opresión, quién provoca entre los oprimidos la amargura, el resentimiento, la revuelta y la desesperación. ¿Son unos oprimidos los primeros que se atreven a decir que sufren y que sufren injustamente? ¿O son los propios opresores, por el mero hecho de que oprimen?

Unos hombres que, siendo amilanados, ofendidos, humillados y reducidos a la pobreza, necesitaran «cabecillas» que les llenasen el corazón de amargura, serían hombres que habrían nacido esclavos. Para cualquiera con un poco de orgullo, basta con haber sido humillado para llevar la revuelta metida en el corazón. No se necesita ningún «cabecilla». Los llamados «cabecillas», es decir, los militantes, no crean los sentimientos de revuelta, simplemente los expresan. Quienes crean sentimientos de revuelta son los hombres que se atreven a humillar a sus semejantes.

¿Existe en alguna parte una raza de hombres tan naturalmente serviles, a los que pueda tratarse con desprecio sin despertar en ellos, como mínimo, una protesta muda, un rencor impotente? No es ciertamente tal el caso de la raza árabe, tan orgullosa cuando no se ve doblegada por una fuerza despiadada.

Pero ese no es el caso de ninguna raza de hombres. Todos los hombres, cualesquiera que sean su origen, su medio social, su raza, el color de su piel, son seres naturalmente orgullosos. Dondequiera que se oprima a un pueblo, se provoca la revuelta tan inevitablemente como que la compresión de un muelle lleva a su distensión.

Los hombres que ocupan hoy el poder comprenden un poco esa verdad cuando los oprimidos son obreros franceses y los opresores son sus patronos. No la comprenden ya en absoluto cuando los oprimidos son los indígenas de las colonias y los opresores son, entre otros, ellos mismos, los hombres que están en el poder. ¿Por qué? ¿Creen que el hecho de tener la piel levemente más oscura hace que la humillación sea más fácil de soportar? Si lo creen, espero fervientemente el día en que los hechos los obliguen a admitir que se equivocaban. El día en que las poblaciones indígenas de las colonias francesas alcancen por fin el equivalente de lo que fueron para los obreros franceses las jornadas de junio de 1936.

Nunca olvidaré el momento en que, por primera vez, sentí y comprendí la tragedia de la colonización. Fue durante la Exposición Colonial, poco después de la revuelta de Yen-Bay en Indochina. Un día, por casualidad, había comprado *Le Petit Parisien;* en primera página, vi el principio de la excelente investigación de Louis Roubaud sobre las condiciones de vida de los anamitas, su miseria, su esclavitud y la insolencia aún impune de los blancos. A veces, empapada aún de esos artículos, iba a la Exposición Colonial, donde me encontraba con una multitud embobada, inconsciente y en admiración. Sin embargo, muchas de esas personas seguramente habían leído esa misma mañana un artículo punzante de Louis Roubaud.

De eso hace ya siete años. Poco después, no me costó convencerme de que Indochina no gozaba del privilegio del sufrimiento entre las colonias francesas. Desde ese día, me avergüenzo de mi país.

Desde ese día, no puedo cruzarme con un indochino, un argelino o un marroquí sin desear pedirles perdón. Perdón por todo el dolor, todas las humillaciones que le hemos hecho padecer, que le hemos hecho padecer a su pueblo. Porque su opresor es el Estado francés, y lo hace en nombre de todos los franceses, de modo que, por la pequeña parte que me toca, también en mi nombre. Por eso, en presencia de aquellos a quienes el Estado francés oprime, no puedo evitar ruborizarme, no puedo evitar sentir que tengo faltas que expiar.

Pero si, desde hace siete años, me avergüenzo de mi país, desde hace año y medio me invade un sentimiento aún más doloroso. Me avergüenzo de aquellos de quienes siempre me he sentido más cercana. Me avergüenzo de los demócratas franceses, de los socialistas franceses, de la clase obrera francesa.

Que a los trabajadores franceses, mal informados y extenuados por el trabajo en las fábricas, no les importe mucho lo que ocurre en tierras lejanas es bastante excusable. Pero llevan años viendo a sus compañeros de trabajo norteafricanos padecer junto a ellos más sufrimientos que ellos, soportar más privaciones, más fatigas, una esclavitud más brutal. Saben que esos desdichados son, no obstante, unos privilegiados en comparación con los otros desdichados que, acuciados por el hambre, han intentado en vano llegar a Francia.

El contacto pudo establecerse entre obreros franceses y árabes durante las largas jornadas de ocupación de las fábricas. En ese momento, los obreros franceses vieron que la Estrella Norteafricana los apoyaba; la vieron marchar con ellos el 14 de julio de 1936. Sin embargo, dejaron que la disolvieran sin protestar. Permanecieron indiferentes ante la condena de Messali. Ven con indiferencia, según parece, a sus desafortunados camaradas privados de subsidios familiares.

En cuanto a las organizaciones antifascistas, con su actitud hacia las colonias, ellas solas se cargan de una vergüenza imborrable. ¿Hay muchos hombres, entre los militantes o los simples miembros de la S.F.I.O. (Sección Francesa de la Internacional Obrera) y de la C.G.T. (Confederación General del Trabajo), que no estén mucho más interesados en el salario de un maestro de escuela francés, en el sueldo de un ajustador francés, que en la miseria atroz que está causando una muerte lenta a los pueblos de África del Norte?

***

Los ultrajes deshonran mucho más a quienes los infligen que a quienes los sufren. Cada vez que insultan a un árabe o a un indochino sin que pueda responder, que lo golpean sin que pueda devolver los golpes, que lo matan de hambre sin que pueda protestar, cada vez que lo asesinan impunemente, Francia es quien se deshonra. Y, desgraciadamente, se deshonra así todos los días.

Pero el ultraje más sangriento es cuando envía por la fuerza a aquellos a quienes priva de su dignidad, de su libertad y de su país a morir por la dignidad, la libertad y la patria de sus amos. En la antigüedad había esclavos, pero solo luchaban los ciudadanos. Hoy hemos encontrado algo mejor: primero reducimos a la esclavitud a poblaciones enteras y luego las utilizamos como carne de cañón.

Sin embargo, los oprimidos de las colonias pueden encontrar un amargo consuelo en la idea de que sus vencedores sufren a veces por su causa una miseria igual a la que les infligen. Cuando se estudia la historia anterior a la guerra, se ve que fue el conflicto en torno a Marruecos lo que envenenó las relaciones franco-alemanas hasta tal punto que, en 1914, el atentado de Sarajevo derivó en una catástrofe mundial. Francia derrotó y sometió a los marroquíes, pero fue por culpa de esos marroquíes derrotados y sometidos por lo que tantos franceses se pudrieron en las trincheras durante cuatro años. Ese fue su castigo, y era un castigo merecido. Hoy, si estalla un nuevo conflicto, la cuestión colonial volverá a estar en el origen. Una vez más, los franceses sufrirán y morirán, y una vez más se lo tendrán merecido.

En cuanto a África del Norte, me gusta pensar que va perdiendo día a día las ganas de ser una reserva de carne de cañón. No es necesario que Berlín, Roma o Moscú ejerzan su influencia para que vaya perdiendo ese deseo un poco más cada día. De eso ya se encarga Francia.

Asimismo, tampoco hacen falta ni Roma ni Berlín para que África del Norte se desvincule un poco más cada día de la causa antifascista. De eso ya se encarga el Frente Popular, una vez en el poder, al seguir permitiendo que las poblaciones de África del Norte sufran más dolor y más ultrajes que los pueblos sometidos a regímenes fascistas.

El principal responsable de las maquinaciones antifrancesas en África del Norte es Francia. Los principales responsables de las maquinaciones fascistas en África del Norte son, salvo algunas excepciones, las organizaciones antifascistas.

Nuevos datos sobre el problema colonial en el Imperio francés[1]

Los problemas de la colonización se plantean sobre todo en términos de fuerza. La colonización empieza casi siempre por el ejercicio de la fuerza en estado puro, es decir, por la conquista. Un pueblo sometido por las armas se encuentra de repente bajo el mando de extranjeros de otro color, otra lengua y una cultura muy distinta, convencidos de su propia superioridad. A continuación, como tienen que vivir, y vivir juntos, se establece cierta estabilidad, basada en un compromiso entre la coacción y la colaboración. Toda vida social, es cierto, se basa en tal compromiso, pero las proporciones de coacción y de colaboración difieren, y en las colonias la parte de coacción es generalmente mucho mayor que en otros lugares. No sería difícil encontrar una colonia perteneciente a un Estado democrático donde la coerción sea en muchos aspectos peor que en el

1. *Essais et combats,* diciembre de 1938.

peor Estado totalitario de Europa. La coexistencia de dos razas, aunque una dirija, no implica en sí misma una coacción tan grande. Podrían encontrarse las bases de una colaboración suficiente para reducir la coacción al mínimo. Los europeos que se desplazan a otros continentes podrían, de entrada, no sentirse fuera de lugar entre seres a los que creen inferiores si conocieran mejor su propia cultura y su historia; no creerían entonces que los suyos lo han inventado todo.

A la inversa, la cultura europea, adornada con sus propios prestigios y todos los de la victoria, siempre consigue atraer a una parte de la juventud de los países colonizados. La técnica, después de haber ofendido muchas costumbres, asombra y seduce por su poder. Lo único que desean las poblaciones conquistadas, al menos en parte, es asimilar esa cultura y esa técnica; si el deseo no aparece de inmediato, el tiempo lo hará realidad casi inexorablemente. Una colaboración cordial sería posible, a pesar de la subordinación de una raza a otra, si cada etapa hacia la asimilación apareciera ante la población sometida como una etapa hacia la independencia económica y política. De lo contrario, la asimilación agudiza los conflictos. Una juventud educada en la cultura del vencedor solo soporta a la fuerza que la traten con desdén hombres con los que se siente semejante e igual. Si la miseria de las masas aumenta, —o simplemente se mantiene o incluso disminuye—, pero no a un ritmo que se corresponda con el desarrollo del país, la técnica aparece como un bien monopolizado por los extranjeros, un bien del que desean apoderarse. Si la población de la colonia siente que el vencedor pretende prolongar indefinidamente la relación de conquistador a conquistado, se establece una paz que solo difiere de la guerra en que una de las partes se encuentra privada de armas.

Hacia esa situación tiende automáticamente toda colonización, por una especie de inercia. Ni que decir tiene que se trata de una situación intolerable. Si asumimos que es así, ¿cómo podría mejorarse?

***

Uno de los medios concebibles es la aparición de un movimiento de opinión en la nación colonizadora contra las terribles injusticias impuestas a las colonias. Tal movimiento de opinión parecería fácil de suscitar en un país que pretende ser un ideal de libertad y de humanidad. La experiencia demuestra que no es así. En 1931, Louis Roubaud publicó en la primera página de *Le Petit Parisien* una serie de artículos sobre Indochina, llenos de terribles revelaciones que no fueron desmentidas; los artículos no causaron ninguna impresión, y aún hoy muchas personas cultas, a las que se considera bien informadas, lo ignoran todo sobre la represión atroz de 1931. Durante el gran levantamiento de los trabajadores franceses en 1936, estos casi no se acordaron de que existieran las colonias. Por supuesto, las organizaciones que las representaban apenas lo recordaban mejor. En general, los franceses están tan convencidos de su propia generosidad que no se interesan por los males que, por culpa de ellos, sufren poblaciones lejanas; y la coacción priva a esas poblaciones de la facultad de quejarse. La generosidad de un pueblo difícilmente llega hasta el punto de esforzarse por descubrir las injusticias que se cometen en su nombre; en cualquier caso, en Francia ciertamente no llega tan lejos. La propaganda de unos pocos solo puede aportar un débil remedio. Otra opción, la que nos viene a la mente de un modo más natural, es una revuelta victoriosa. Pero es difícil que una revuelta colonial salga victoriosa. Los números estarían del lado de los rebeldes, pero el monopolio de la técnica y de las armas más modernas tiene más peso en la balanza de las fuerzas. Una guerra que absorbiera las fuerzas armadas de la nación colonizadora podría tal vez presentar oportunidades para una emancipación violenta; pero incluso en tal caso una revuelta sería difícil que tuviera éxito, y sobre todo estaría particularmente amenazada por las ambiciones de las otras naciones en armas. En general, suponiendo que una revuelta armada tuviera éxito, la adquisición y el mantenimiento de la independencia en tales condiciones, la necesidad de garantizar la defensa tanto frente a la nación que antes mandaba como frente a otras avideces, exigiría tal tensión moral, un uso tan intensivo de todos los recursos materiales que la población correría el riesgo de no obtener ni bienestar ni libertad. La independencia nacional es indudablemente un bien; pero cuando implica tal sumisión al Estado que la restricción, el agotamiento y el hambre son tan grandes como bajo la dominación extranjera, es inútil. Nosotros, los franceses, no queremos poner un precio tan alto a la defensa de nuestra independencia nacional; ¿por qué habría de ser deseable que las poblaciones de las colonias pusieran semejante precio a la adquisición de la suya?

***

Parece que no hay salida y, sin embargo, hay una. Existe una tercera posibilidad. Que la propia nación colonizadora esté interesada en la emancipación gradual de sus propias colonias y que comprenda ese interés. Las condiciones para tal solución existen. La interacción de las fuerzas internacionales hace que a Francia le convenga, urgente y evidentemente, transformar a sus súbditos en colaboradores. Debe comprender esa conveniencia; en tal caso, puede utilizarse la propaganda.

Para quien solo mira a Europa, es lamentable en muchos aspectos que la paz solo haya podido mantenerse al precio de las concesiones de Múnich[2]. Es terrible para los alemanes de los Sudetes, que no se sintieron atraídos por el régimen de Hitler; es muy doloroso para Checoslovaquia, que ya solo tiene un atisbo de independencia nacional; es amargo para los Estados democráticos, cuyo prestigio y, por lo tanto, seguridad parecen haber menguado. Pero si miramos a Asia y a África, los Acuerdos de Múnich abren esperanzas hasta ahora quiméricas. Francia, cuya posición en Europa se ha visto tan gravemente socavada, solo puede mantenerse entre las grandes potencias a través de su Imperio. Pero lo que queda de su fuerza y de su prestigio ya no puede bastar para mantener ese Imperio si los que lo integran no desean permanecer en él. Las reivindicaciones de Alemania relativas a sus antiguas colonias no tocan sino un aspecto parcial y secundario del problema. Nadie sabe cuándo planteará oficialmente esas reivindicaciones, ni qué reivindicaciones más amplias pueden venir después. Pero ya hoy el Imperio francés es objeto de las apetencias de

2. Acuerdos de Múnich (30 de septiembre de 1938): Reino Unido, Francia, Italia y Alemania; el objetivo era solucionar la crisis de los Sudetes. (*N. de los TT.*)

Alemania y de sus aliados. Alemania siempre ha considerado abusivo —y no sin razón— el protectorado francés sobre Marruecos; Italia hace tiempo que tiene los ojos puestos en Túnez; Japón quiere Indochina. Francia no dispone del poder necesario para defender territorios tan vastos si las poblaciones concernidas le son hostiles en su fuero interno, o incluso si asisten al conflicto de ambiciones como meras espectadoras.

A este respecto, merece la pena releer una fábula de La Fontaine sobre el asno y su amo. Todo el mundo en Francia la conoce; pero hay que pensar en aplicarla. Aunque todos los franceses de las colonias adoptaran de repente las prácticas más humanas, las más generosas y las más desinteresadas, no bastaría para suscitar en el Imperio los sentimientos necesarios para la seguridad de Francia. Es indispensable que los súbditos de Francia tengan algo propio, que otra forma de dominación podría hacerles perder; y para ello es indispensable que dejen de ser súbditos, es decir, seres pasivos, bien o mal tratados, pero enteramente sometidos al trato que les conceden. Es necesario que se adentren efectivamente, y pronto, y con bastante rapidez, por el camino que lleva de la situación de súbdito a la de ciudadano.

***

No se trata en absoluto de convertir de golpe las colonias en Estados independientes. Una metamorfosis semejante no tendría, sin duda, futuro; pero, de todos modos, ningún Gobierno francés, sea del partido que sea, soñaría con algo así. Tendría que examinar modalidades de autonomía administrativa, de colaboración con el poder político y militar y de defensa económica. Modalidades que necesariamente diferirían según las distintas colonias.

Las mismas soluciones no son sin duda aplicables a los anamitas, que no esperaron a la invasión francesa para ser un pueblo altamente civilizado, y a los territorios de África central. Hay que tener en cuenta el pasado, las costumbres y las creencias. Pero cualesquiera que sean las modalidades, el éxito solo será posible si esas modalidades se inspiran en la misma necesidad urgente: las poblaciones de las colonias deben participar activamente y por su propio interés en la vida política y económica de sus países.

En lo que respecta a Francia, no es seguro que una política así, ni siquiera aplicada rápida e inteligentemente, pueda ser eficaz. Quizá sea demasiado tarde. Si es cierto, por ejemplo, que de los millones de habitantes de Anam del Norte y de Tonkín, alrededor de nueve familias de cada diez habían perdido al menos a uno de sus miembros como consecuencia de la represión de 1931, es posible que esos millones de hombres no perdonen fácilmente. Pero lo que es más o menos seguro es que esa política ofrece a Francia la única posibilidad de conservar su posición de gran potencia, que casi todos los políticos consideran indispensable para la seguridad.

Por otra parte, en lo que concierne a las colonias, tal política, si se sigue realmente, será eficaz en todos los casos. Ya sea que las poblaciones colonizadas, después de una emancipación parcial, formen o no sentimientos favorables al mantenimiento del Imperio francés; ya sea que permanezcan, en un futuro próximo, bajo dominación francesa o pasen bajo otra dominación; en todos los casos, las libertades adquiridas les darán la posibilidad de defenderse contra cualquier opresión y la posibilidad de avanzar hacia una emancipación completa que actualmente no poseen.

Hoy en día, están desarmados y a merced de cualquiera que se encuentre entre ellos con armas. No cabe duda, por ejemplo, de que, si Japón se apoderara en estos momentos de Indochina, se aprovecharía del estado de indefensión y de pasividad en que encontraría a los anamitas. Si los encontrara en posesión de algunas libertades, sería difícil al menos no mantenerlas. Así pues, desde el punto de vista francés, esa política es necesaria; desde el punto de vista humano —que, dicho sea de paso, es evidentemente el mío—, cualesquiera que puedan ser las consecuencias para Francia, sería una buena cosa. A los que están acostumbrados a considerarlo todo desde la doble categoría «revolucionaria» y «reformista» —el primer epíteto, en este sistema maniqueo, designa el bien y el segundo el mal— les parecerá sin duda que tal solución del problema colonial está marcada con la tara indeleble del reformismo. Yo, sin dudarlo, la considero infinitamente preferible, si llega a llevarse a efecto, a la emancipación que resultaría de un levantamiento victorioso. Porque les permitiría a las poblaciones sometidas hoy a tantas limitaciones intolerables alcanzar al menos una libertad parcial sin verse obligadas a caer en un nacionalismo frenético —a su vez imperialista y conquistador—, en una industrialización a ultranza basada en la miseria indefinidamente prolongada de las masas populares, en un militarismo agudo, en un dirigismo de toda la vida social similar al de los países totalitarios. Esas serían casi con toda seguridad las consecuencias de un levantamiento victorioso; en cuanto a las consecuencias de un levantamiento no victorioso, serían demasiado atroces para querer considerarlas. La otra vía, indudablemente menos gloriosa, no costaría sangre; y, como decía Lawrence de Arabia, aquellos que tienen por objeto la libertad desean vivir para disfrutarla en lugar de morir por ella.

Lo que puede impedir que esa solución tan deseable del problema colonial llegue a ser realidad es la ignorancia que existe en Francia sobre los datos del problema. Se ignora que Francia no es, para la mayoría de sus súbditos, la nación democrática, justa y generosa que es para tantos franceses medios y otros. Se ignora que los anamitas en particular no tienen ninguna razón para preferirla a Japón y, de hecho, según lo que se oye decir aquí y allá, no la prefieren. La información puede desempeñar en esto un papel muy importante. Mientras las noticias sobre el régimen colonial se limitaban a no poner en entredicho la generosidad de Francia, corrían el peligro de que se recibieran con indiferencia y, sobre todo, con incredulidad general. Y eso es exactamente lo que ha ocurrido. Desde el momento en que es cuestión de seguridad, es probable que se tomen más en serio. Por muy doloroso y humillante que resulte admitirlo, la opinión de un país, sin distinción alguna de clases sociales, es mucho más sensible a lo que amenaza su seguridad que a lo que ofende a la justicia.

«Esos miembros palpitantes de la patria...»[1]

Hace unas pocas semanas, un artículo publicado en nuestra gran prensa de información, con el propósito, por una vez, de identificarse con Jaurès, y el deseo de aplastar de un solo golpe todos los razonamientos posibles a favor de las reivindicaciones alemanas, llamaba a las colonias «esos miembros palpitantes de la patria». No podemos negarle a la expresión un acierto singular, un gran valor de actualidad.

Palpitantes, sí. Sometidos al hambre, a los golpes, a las amenazas, a las penas de prisión o de deportación; bajo la temible mirada de las ametralladoras o de los aviones bombarderos. Una población domesticada y desarmada sería palpitante por menos.

Si bien las colonias son palpitantes, la madre patria apenas palpita con ellas. La tragedia de África del Norte conti-

1. *Vigilance,* n.º 63, 10 de marzo de 1938.

núa en medio de una indiferencia casi total. *Le Populaire,* al menos, había publicado una conmovedora serie de artículos de Madeleine Paz sobre Marruecos. Los demás periódicos o no se dieron cuenta de que existe una crisis norteafricana, o la entendieron únicamente como una crisis de autoridad de Francia.

La verdad es que los franceses parecen mucho más conmovidos por los acontecimientos de China que por los acontecimientos de África del Norte. No cabe duda de que en China están matando a mucha más gente, están matando incluso a niños —a propósito, ¿cómo van a vivir los hijos de los que mataron recientemente las balas francesas en Marruecos?—. Pero, finalmente, no hay mucho que podamos hacer ante lo que ocurre en China, y no es seguro que una acción en ese sentido no incendiara Europa y el mundo. Mientras que en África del Norte podríamos ser un poco humanos, podríamos preservar vidas de niños —porque los niños no solo mueren bajo las bombas de los aviones; el hambre los mata muy bien— sin correr riesgos tan espantosos. Bastaría con tener la voluntad de hacerlo.

Al ver hoy a tantos buenos burgueses, de un imperialismo ingenuo, conmoverse por China y detestar a los japoneses, uno se pregunta a su pesar si las simpatías que despierta China en Francia no son del mismo orden que las que sienten los ricos a favor de los «buenos pobres», los pobres que «saben estar en su sitio». Hasta ahora, China ha sabido estar en su sitio, su sitio de pueblo inferior, humildemente respetuoso con los blancos. Los japoneses son unos amarillos intolerablemente presuntuosos: quieren civilizar masacrando, ¡quieren hacer lo que hacen los blancos! En cuanto a los norteafricanos, algunos de ellos —simples «cabecillas», afortunadamente– son quizá aún peores: no quieren que los masacren, ni siquiera que los hostiguen ni los humillen. Pretensión tanto más desorbitada cuanto que el día en que Francia, en la persona de su Gobierno o de un embajador, se vea sometida a una humillación, los autorizarán a matar y a morir para vengar esa humillación. ¿Qué más necesitan en materia de dignidad?

***

De todos los acontecimientos que han tenido lugar recientemente en África del Norte, quizá el más característico, aunque haya habido otros más trágicos, sea la historia de la Estrella Norteafricana.

La Estrella Norteafricana fue apadrinada en su día por el Partido Comunista de primer cuño. Al cabo de un tiempo, logró conquistar su independencia como organización adulta; eso es lo que permitió, en los últimos años, no volverse contra las reivindicaciones vitales de los pueblos colonizados. Está constituida exclusivamente por magrebíes o, más exactamente, por argelinos, y exclusivamente por trabajadores, en el sentido más estricto del término; no hay en sus filas ni un solo blanco, ni un solo intelectual. Su influencia, sin ser insignificante en Argelia, se deja sentir especialmente en Francia, donde es capaz de aglutinar a la inmensa mayoría de los trabajadores argelinos.

La casi totalidad de los franceses ignoran las condiciones en las que viven y han vivido, sobre todo antes de junio de 1936, los obreros argelinos que trabajan en Francia. Desprovistos de la mayoría de los derechos de que gozan sus compañeros franceses, siempre expuestos a verse brutal-

mente devueltos a su país de origen, que habían abandona-
do empujados por el hambre, condenados a las tareas más
sucias y agotadoras, miserablemente remunerados, tratados con desprecio incluso por sus compañeros de trabajo
que tienen la piel de otro color, es difícil imaginar una humillación más completa. La Estrella Norteafricana consi-
guió dar a esos hombres una dignidad, un objetivo, una organización propia, un ideal propio; ese ideal no solo los
unía a todo el mundo musulmán, los vinculaba mucho más
estrechamente a todos sus hermanos de clase, incluidos
aquellos que ignoraban esa hermandad tratándolos como
inferiores. Gracias a la Estrella Norteafricana, los patronos
no encontraron entre ellos una masa de jóvenes manejables
a su antojo; gracias a ella en particular, participaron en la
ocupación de las fábricas en junio de 1936, asegurando así
la victoria, en lugar del desastre, en varias grandes fábricas
donde constituían una parte importante de la mano de
obra. El 14 de julio de 1936, la Estrella Norteafricana desfi-
ló en primera línea en la manifestación, ofreciendo quizá el
espectáculo más conmovedor de un día tan rico en emocio-
nes. Hoy, los tres o cuatro hombres cuyo trabajo, valor e
inteligencia hicieron posible aquel gran acontecimiento
cumplen dos años de prisión en una cárcel francesa.

Por supuesto, la Estrella Norteafricana formaba parte de
lo que se conoce como nacionalismo norteafricano. Su sue-
ño lejano era la constitución progresiva de un Estado norteafricano, cuyas relaciones con Francia podrían ser, por
ejemplo, las de un *Dominion* inglés con Inglaterra. Sus reivindicaciones inmediatas eran la extensión de las libertades democráticas a los indígenas, la abolición del Código
del Indígena —conjunto de restricciones que hacen que los

regímenes totalitarios, en comparación, parezcan casi liberales— y, en Francia, la igualdad de los trabajadores argelinos y de los trabajadores franceses. Como todas las organizaciones que agrupan a los oprimidos, como, por ejemplo, las organizaciones del proletariado francés, la Estrella Norteafricana dudaba entre la oposición radical, violenta y el reformismo, inclinándose por uno u otro según existieran o no posibilidades de reformas. La Coalición Popular le dio la esperanza de un progreso significativo y pacífico; la Estrella Norteafricana se le unió con entusiasmo. Cuando Viénot concluyó el tratado franco-sirio, su principal reivindicación era el establecimiento gradual de un estatuto análogo para África del Norte. ¿Afirmarán algunos que tales intenciones pacíficas eran fingidas, que la Estrella Norteafricana solo soñaba con la violencia? Habría que demostrarlo. Lo que es indiscutible es que la Estrella Norteafricana no cambió de política entre el momento en que fue admitida en la Coalición Popular, cuando participó en el desfile del 14 de julio, y el momento en que quedó repentina y brutalmente disuelta por decisión del Gobierno de Blum.

***

Nunca se expusieron las razones de la disolución. Los responsables se limitaron a darse aires de misterio, insinuando: «¡Ah, si supieran ustedes lo que nosotros sabemos!». Ya sabemos lo que son esos aires. Quienes se dejaran impresionar serían unos perfectos ingenuos. Pero lo más interesante fue lo que vino luego. Algunas organizaciones pertenecientes a la Coalición Popular propusieron que esta excluyera a la Estrella Norteafricana, debido al decreto de disolución dictado contra ella. Cabe señalar, por lo tanto, que consideraban que, aunque disuelta, seguía siendo miembro de la Coalición Popular, puesto que proponían su exclusión. El representante de la C.G.T. y el del Comité de Vigilancia de los Intelectuales Antifascistas[2] exigieron y obtuvieron que no se excluyera sin que su jefe, Messali, fuera oído. Messali elaboró un informe y lo envió a varios miembros del Comité de la Coalición Popular.

Sin embargo, no lo convocaron oficialmente para ser oído y no volvió a plantearse la cuestión de su exclusión. La Estrella Norteafricana, aunque había sido disuelta meses antes, seguía siendo miembro de la Coalición Popular. Messali, teniendo en cuenta el ejemplo de las ligas fascistas, podría considerar con razón la disolución como una invitación a reconstituir una organización similar con otro nombre. Es cierto que, pensándolo bien, hay algo parecido a una acción judicial contra las ligas fascistas; pero se parece singularmente a una inacción judicial.

Además, esa acción, si es que la hay, se basa en una definición de las ligas que las caracteriza como organizaciones paramilitares. Nunca fue tal el carácter de la Estrella Norteafricana y, que yo sepa, ni siquiera la acusaron de eso en ningún momento. Si hubiera sido de otro modo, ¿la habrían admitido en la Coalición Popular? Sin embargo, Messali y tres de sus compañeros fueron condenados a dos años de prisión, con un Gobierno emanado de la Coalición Popular, por haber reconstituido la organización, que no

2. Comité de Vigilance des Intellectuels Antifachistes (CVIA), se creó en 1934 para oponerse al fascismo tanto en Francia como en el resto de Europa. (*N. de los TT.*).

era una liga y que seguía perteneciendo a la Coalición Popular. Solo por ese delito, ya que el cargo de maquinaciones antifrancesas fue desestimado por el tribunal, que solo mantuvo el de reconstitución de una liga disuelta.

¿Podemos permitirnos preguntar qué deben hacer los hombres, los militantes que pertenecieron a la Estrella Norteafricana? Si quieren agruparse, en cualquier momento podrán acusarlos de haber reconstituido la Estrella Norteafricana. De hecho, se trata de una mera prohibición de organizarse, bajo pena de cárcel, que se les ha impuesto sin ninguna explicación. No son solo los cuatro militantes condenados los que sufren la dura agresión, es mucho más aún, ¡son tantos los miles de hombres infelices, oprimidos, que solo tenían esa organización, la suya, y que se ven privados de ella! ¿Creemos de verdad que se resignarán a ese estado de cosas y que no se irán al único frente en el que, por lo visto, está permitido organizarse, es decir, a la derecha? Nos dicen que había argelinos entre los de La Cagoule[3]. Si no había miles y miles y miles de argelinos, no es por culpa de nuestro Gobierno. Y si un día, como en España, África del Norte vertiera en nuestro país oleadas de indígenas armados, bajo el mando de generales facciosos, ¿no quedaría sin duda satisfecha la «justicia inmanente» en el momento en que tales o cuales grandes personajes perecieran a manos de un árabe? Por supuesto, contra la Estrella Norteafricana se propagan los mismos rumores de connivencia con el fascismo español o italiano que cuando quisieron

---

3. La Cagoule ('pasamontañas'): Organización política y militar de carácter terrorista (mediados de los años 30), de extrema derecha, anticomunista, antirrepublicana. *(N. de los TT.)*.

excluirla de la Coalición Popular; en aquel momento, Messali los desmintió por completo. ¿Se habría convertido en
verdad lo que entonces era falso? Como se ocuparon con
especial cuidado de meter en la cárcel a Messali y a sus camaradas, les resulta difícil demostrar lo contrario; ¿quién
sabe, por otra parte, en qué puede convertirse una organización formada por hombres desdichados, generalmente
ignorantes, cuando la privan bruscamente de los jefes en
los que ha depositado su confianza?

***

Además, si —como yo personalmente creo— esas connivencias con el fascismo no existen, existirán indefectiblemente
a poco que siga aplicándose la misma política. Los que pre-
conizan esa política triunfarán entonces por haberlo visto
tan claro. No comprenderán que los verdaderos autores de
tal connivencia son ellos mismos, y hablo tanto de los
miembros del Gobierno responsables de tal política como
de quienes los asesoraron. Ellos son los culpables de las
maquinaciones antifrancesas en África del Norte, donde
terminan por conseguir que Francia resulte odiosa. Ellos
quienes, desde marzo de 1937, consideraron casi natural
que la policía disparara contra los huelguistas, dado que los
huelguistas no eran más que simples mineros indígenas de
Túnez, obligados a trabajar doce horas, a un ritmo agota-
dor, por un salario ínfimo; Blum, que lloró por Clichy, no
consideró dignos de sus lágrimas a los diecinueve árabes
muertos de Metlaoui. Ellos, quienes permitieron que el general Noguès acabara ese mismo año de 1937 en Marruecos con provocaciones, terror y matanzas.

Ellos, que hicieron tan poco o nada por dar más pan y libertad a los millones de hombres que padecen hambre y esclavitud en África del Norte, por mejorar la cultura, por aliviar el presupuesto, por reformar el Código del Indígena. Ellos, que negaron a los magrebíes llegados a Francia el beneficio de los subsidios familiares para los hijos que se quedaron en África del Norte, obligándolos a soportar privaciones inhumanas para poder mandar a sus casas unos escasos giros miserables.

Ellos, que condenaron a Messali a la privación de sus derechos civiles, en el mismo momento en que las elecciones cantonales le daban una victoria aplastante ya en la primera vuelta. Y son solo unos pocos hechos citados al azar.

De verdad que resultan graciosos los que hablan, llevándose las manos a la cabeza y como si fuera un delito, de las posibles connivencias entre los indígenas norteafricanos y el fascismo. Pero ¿por qué, habiendo probado todo lo demás y viendo siempre frustradas sus esperanzas, no podrían probar también el fascismo, antes de sumirse en la más completa desesperación? Nosotros, sin duda alguna, sabemos perfectamente que con el fascismo no les irá mejor a esos pobres desdichados. Al menos pueden decirse a sí mismos que es improbable que vayan a peor. Oyendo a la mayoría de nuestros camaradas, podría realmente pensarse que el Frente Popular posee un derecho absoluto, un derecho divino a apoyar y ser leal a los oprimidos, incluidos aquellos a los que pisotea. ¿No les conceden «un gran honor machacándolos»? ¿No se es más libre encarcelado por un Gobierno de izquierdas que en libertad con un Gobierno de derechas?

No terminaré diciendo que es escandaloso que un Gobierno del Frente Popular lleve a cabo semejante política.

No. ¿Por qué fingir que creemos en una ficción que sabemos que lo es? Un Gobierno como este, heredero del Cártel[4], está en la línea del que hizo la guerra a Marruecos en 1924-1925. ¿Qué cabe decir, no obstante, del papel de los socialistas? Sin duda, el Partido Socialista, como partido, se ha visto conmovido en los últimos tiempos por la tragedia norteafricana. Pero ¿qué han hecho sus ministros en el poder? Sabemos que Dormoy traspasó la responsabilidad de Argelia a Raoul Aubaud, pero este último no era más que un subsecretario de Estado; ¿quién creerá que el ministro de Interior no tenía en su mano dejar en libertad a Messali y a sus camaradas? No cabe duda asimismo que África del Norte no estaba bajo la autoridad de Marius Moutet, pero Gabón sí lo estaba; ¿quién es entonces el responsable de la deportación asesina del profesor marroquí El Fassi a Gabón, con un clima fatal para un enfermo como él?

Cuando recapitulamos los acontecimientos de los últimos meses en África del Norte, y pensamos luego en las cuestiones candentes de la política exterior, solo podemos reír amargamente. ¡Esas colonias desafortunadas podrían ser la causa de una guerra europea! ¡Qué justa revancha si, por culpa de esos hombres de piel morena que abandonamos tan fríamente a su miseria, todos los franceses se vieran condenados a las no menos atroces miserias del Partido Comunista de Francia! Los dejamos perecer, ¡y pereceremos para poder seguir dejándolos perecer! Y es a esa Francia a la que muchos querrían lanzar a una cruzada

4. Cartel des gauches, coalición electoral para las elecciones legislativas de 1924, reconstituida más adelante, para las de 1932. (N. de los TT.).

liberadora por España o por China. Entonces, sin duda, ¿los indochinos y los norteafricanos estarían entre los primeros en tener el honor de morir por la libertad de los pueblos?

[Después de Múnich][1]
Fragmento

La posición y el prestigio de Francia en Europa han disminuido considerablemente desde Múnich. El Gobierno ha preferido esa merma a la guerra, y con toda la razón del mundo. La merma no deja de ser un hecho. Sin embargo, la posesión de un vasto imperio colonial le permite a Francia seguir siendo considerada una gran potencia. Pero el debilitamiento de su posición en Europa le hace mucho más difícil conservar ese Imperio. No pienso únicamente en las antiguas colonias alemanas, que son objeto de demasiadas preocupaciones. Es posible que las pretensiones alemanas a ese respecto sean un montaje destinado a encubrir la consecución de otros objetivos políticos; en cualquier caso, si Alemania no queda temporalmente absorbida por su expansión hacia el Este, cosa que es posible, sus ambiciones coloniales son sin duda mucho más amplias. En lí-

1. Invierno de 1938-1939.

neas generales, el Imperio francés está expuesto a las avideces. Italia tiene los ojos puestos en Túnez, Japón en
Indochina; sería sorprendente que Alemania no se acorda-
ra un día de que Francia ocupó Marruecos a pesar de la
propia Alemania y a pesar del tratado firmado bajo presión. Por desgracia también, resulta que Italia, Alemania y
Japón son aliados. Imagino que nadie cuenta con que Ru-
sia ayude a Francia a conservar sus territorios de Asia y de
África. A pesar de Inglaterra, puede decirse que, en la actual situación internacional, el Imperio francés se encuentra ya hoy en peligro. El problema para Francia es, por lo
tanto, buscar, además de la alianza inglesa y de su propia
fuerza militar, medios que pueda poner en marcha contra
ese peligro.

A la fuerza francesa y a la fuerza inglesa solo un tercer
factor podría servirles de apoyo; a saber, la voluntad de las
poblaciones colonizadas de seguir en el marco del Imperio
francés. A este respecto, únicamente caben dos preguntas
muy concretas. En primer lugar, ¿existe ahora esa voluntad
y ha alcanzado el nivel más alto al que puede llegar? Y, si
no es así, ¿qué medidas pueden suscitarla o desarrollarla?

La primera pregunta sobre todo es susceptible de dar lugar a controversias. Para muchos, es incluso criminal cues-
tionar el apego a Francia de las poblaciones colonizadas.
Otros, si bien es cierto que pocos, afirman que no existe
apego, sino un odio sordo e impotente. Cualquiera de las
dos afirmaciones puede ser cierta; la verdad también puede estar entre ambas, o más cerca de una que de la otra. La
comprobación directa es imposible, porque a los únicos
cualificados para responder —que son los propios interesados— no se les permite expresarse o, mejor dicho, solo se

les permite expresarse en un sentido, lo que quita todo valor a su testimonio. Esa dificultad es la misma con la que nos encontramos para apreciar el apego al régimen en los Estados totalitarios; también en ese caso nos encontramos en presencia de afirmaciones contradictorias, que emanan unas y otras de gente seria. Sin embargo, en lo que respecta a las colonias, al tratarse de un elemento esencial de un problema práctico y urgente, no podemos contentarnos con una interrogación. El razonamiento y la investigación de los hechos deben permitirnos formarnos una opinión firme que sirva como principio de actuación.

En primer lugar, cosa que nadie discute, las poblaciones de las colonias son poblaciones sometidas. Supongamos de momento que estén perfectamente bien tratadas. No por ello dejan de estar sometidas pasivamente al trato que otros deciden. En los países dictatoriales, la población, por poco que tenga que decir, se ve empujada por el patriotismo, por las organizaciones políticas, por las agrupaciones de jóvenes, por una técnica de entusiasmo colectivo, a imaginar con más o menos convicción una especie de participación mística en la dictadura. En las colonias, no existe ni puede existir ningún factor de este tipo.

[Sobre el régimen colonial][1]
Fragmento

Las consideraciones que a continuación se exponen aquí se
refieren únicamente al interés de Francia en el problema
colonial y no a su responsabilidad moral. No es que la segunda consideración no sea para mí infinitamente más importante que la primera; no veo ninguna razón que lleve a
establecer a este respecto una escala diferente para los problemas nacionales que para los problemas individuales.
Pero nos encontramos en un momento en que la consideración del interés, un interés claro y urgente, aconseja más o
menos las mismas medidas que aconsejaría la simple consideración de la responsabilidad moral. De ahí que los argumentos basados en el interés tengan muchas más probabili-
dades de ser eficaces. Un hombre es a veces sensible a la
justicia, incluso cuando esta le exige ir en contra de sus propios intereses; una colectividad —ya sea nación, clase, parti-

1. Invierno de 1938-1939.

84

do o grupo— casi nunca es sensible a la justicia, salvo en los casos en que ella misma resulta agraviada.

Sea como sea, es cierto que Francia, mientras se sintió segura en su territorio y en su Imperio, mientras ocupó una posición dominante en Europa, permaneció indiferente a sus propias responsabilidades morales en materia colonial. Más allá de la opinión que se tenga sobre el régimen colonial, e incluso si se considerara que es perfecto, nadie puede negar que todo lo que tiene de bueno o de malo se debe enteramente a quienes viven en las colonias o se ocupan profesionalmente de ellas. Los franceses de Francia se han mantenido hasta ahora absolutamente indiferentes con respecto a las colonias; casi todos ignoran por completo lo que ocurre allí, apenas intentan informarse y casi nunca hablan entre ellos de lo que sería posible o deseable hacer sobre el particular. Incluso quienes, desde antes de 1936 o a partir de esa fecha, están seriamente preocupados por la justicia social piensan mucho más a menudo y durante mucho más tiempo en una diferencia de un franco en el salario de un obrero metalúrgico de la región parisina que en la vida y en la muerte de árabes y anamitas. Esa gente está demasiado lejos, dicen. ¡No, no están lejos! Los pueblos que se encuentran bajo la dominación de Francia, cuya miseria o bienestar, vergüenza o dignidad, y a veces incluso la propia vida, dependen enteramente de la política francesa, están tan cerca de nosotros como los propios lugares donde se elabora esa política.

Por otra parte, esos territorios lejanos se acercan; se acercarán aún más en el futuro. Se acercan —y aquí entra en juego la imaginación de los franceses— en la medida en que estos sienten que la seguridad de Francia se encuentra en esos territorios amenazada. Insisto una vez más, lo que amenaza la seguridad habla de forma muy diferente a la imaginación, sobre todo colectiva, que lo que amenaza simplemente a la pureza de la conciencia. La humanidad en política no consiste en invocar constantemente los principios morales, cosa generalmente vana, sino en esforzarse por poner en primer plano todos los móviles de orden inferior susceptibles de actuar, en una situación dada, en el mismo sentido que los principios morales. Soy de los que piensan que todos los problemas coloniales deben considerarse ante todo en relación con las aspiraciones, las libertades y el bienestar de las poblaciones colonizadas, y solo de forma secundaria en su relación con los intereses de la nación colonizadora. Pero como esta última es la que ostenta la fuerza, cuando, debido a las circunstancias, los dos puntos de vista conducen a conclusiones similares, es el segundo el que conviene resaltar. Tal coincidencia solo puede producirse por un conjunto particular de circunstancias, al menos si consideramos el interés próximo de una nación; porque la consideración del interés lejano es, por desgracia, casi tan vana como la de la justicia. Esa coincidencia es una bendición, aunque se deba a circunstancias desafortunadas. Tal es precisamente, salvo error, el caso de Francia en estos momentos.

Carta a Jean Giraudoux[1]

Muy señor mío y estimado antiguo alumno de la Escuela Normal Superior:

Sus funciones constituyen una excusa para la libertad que me tomo de escribirle, puesto que, como usted le habla al público, el público debe poder hablarle a usted.

La admiración y la simpatía que me han provocado sus libros y, sobre todo, su teatro, han despertado en mí varias veces el deseo, tan natural en los lectores, de entrar en contacto con usted por la tradicional camaradería de la calle Ulm[2] y algunas relaciones comunes; pero hay que resistirse a ese tipo de deseo, porque la simpatía entre un autor y un lector es necesariamente unilateral; en cuanto a las expresiones de admiración, no hay nada más aburrido de oír.

1. Finales de ¿1939?, ¿1940?
2. En la calle Ulm de París se encuentra la Escuela Normal Superior, donde también cursó estudios Simone Weil. *(N. de los TT.)*.

Pero hoy es diferente; puesto que se dirige usted a las mujeres de Francia y yo soy una de ellas, yo, que debo de ser, supongo, una entre veinte millones, tengo derecho a que usted me oiga. Y aunque es mi admiración por usted lo que me obliga a escribirle, no es admiración lo que vengo a expresarle. No oí su alocución; la he leído en *Le Temps*.

Contiene un pasaje que me ha producido una profunda pena. Porque siempre me he sentido orgullosa de usted como una de esas personas cuyo nombre podemos mencionar cuando queremos encontrar razones para amar la Francia de hoy. Por eso me gustaría que dijera siempre la verdad, incluso en la radio. Seguramente, cree usted que la dice; pero me gustaría de todo corazón conseguir que se preguntara si dice usted la verdad cuando afirma que Francia tiene un dominio colonial unido a su metrópoli por otros lazos que no son los de la subordinación y la explotación.

Daría la vida y más si fuera posible por poder pensar que eso es así; porque es doloroso sentirse culpable por complicidad involuntaria.

Pero a poco que uno se informa y estudia el asunto, resulta más claro que el agua que no es así. ¡Cuántos hombres se han visto privados de toda patria por nosotros, hombres a los que ahora obligamos a morir para conservarnos la nuestra! ¿Acaso Francia no tomó Anam por conquista? ¿No era un país pacífico, uno, organizado, de cultura antigua, impregnado de influencias chinas, hindúes y búdicas? En particular, utilizan el nombre de *karma* para referirse a un concepto popular en su país, exactamente igual que el desgraciadamente olvidado por nosotros de la Némesis griega como castigo automático por los excesos. Hemos matado su cultura; les negamos el acceso a los manuscritos de su lengua; les hemos impuesto a unos pocos nuestra cultura, que no tiene raíces entre ellos y no puede hacerles ningún bien.

En el norte, se ha hecho crónico que las poblaciones se mueran de hambre, mientras que en el sur abunda el arroz y lo exportan. Todos están sujetos al mismo impuesto anual, ricos y pobres. Hay padres que venden a sus hijos, como se hacía en las provincias romanas; familias que venden el altar de sus antepasados, su posesión más preciada, ni siquiera para dejar de pasar hambre, sino para pagar el impuesto. Nunca olvidaré haber oído a un ingeniero agrónomo, funcionario del ministerio de Colonias, que me decía fríamente que allí tienen razón cuando les pegan a los culis en las plantaciones porque, como están reducidos a los límites extremos de la fatiga y las privaciones, no sería posible castigarlos de ninguna otra manera sin más inhumanidad. ¿Ignora usted que se ha masacrado con ametralladoras a campesinos que acudían desarmados a decir que no podían pagar los impuestos? ¿Alguien se atrevió alguna vez a negar las atrocidades cometidas tras los disturbios de Yen-Bay? Se destruyeron pueblos desde aviones; se envió a la Legión a Tonkín para matar indiscriminadamente; los jóvenes que trabajaban en las prisiones oían sin parar los gritos de los desgraciados sometidos a tortura. Desafortunadamente, habría mucho más que contar. En cuanto a África, ¿ignora usted las expropiaciones masivas de que fueron víctimas los árabes y los negros, incluso después de la otra guerra? ¿Podemos decir que llevamos la cultura a los árabes, que conservaron para nosotros las tradiciones griegas durante la Edad Media? Sin embargo, he leído periódicos escritos por árabes en París en francés, porque ni ellos ni su público sabían leer árabe. ¿No leyó usted en los periódicos hace aproximadamente un año que había estallado una huelga en una mina de Túnez porque querían obligar a los trabajadores musulmanes de allí a hacer el mismo esfuerzo que de costumbre durante el Ramadán, es decir, sin comer? ¿Cómo podrían los musulmanes aceptar esas cosas y otras similares si no estuvieran sometidos por la fuerza?

No ignoro que esta carta me expone al decreto de 24 de mayo de 1938, que prevé penas de uno a cinco años de prisión. Es algo que no me preocupa, pero ¿qué me importaría si así fuera? La cadena perpetua no me haría más daño que la imposibilidad en que me encuentro, por culpa de la calumnia, de pensar que la causa de Francia es justa.

A propósito de los problemas en el Imperio francés[1]

Entre los muchos y difíciles problemas de esta guerra, pocos hay tan difíciles y tan peligrosos como el problema colonial. Esta guerra es una lucha por la libertad. Un hambre ardiente de libertad vive en el alma de todos los hombres, un hambre que constituye una fuente de energía más valiosa que el carbón y el petróleo. Deberíamos sacarle provecho, puesto que luchamos por la libertad y nuestros enemigos luchan contra ella. Sin embargo, hasta ahora, ellos han tenido más éxito que nosotros en el uso de esa energía. Se da en ello una extraña paradoja. Y el imperialismo está en la raíz.

1. 1942 (Proyecto de artículo). Este proyecto de artículo, al igual que el siguiente, fue redactado en inglés durante la estancia en Nueva York con el propósito de informar a la opinión pública estadounidense sobre la situación y los problemas de Francia durante la guerra. Su objetivo era obtener el apoyo de Estados Unidos para De Gaulle y el movimiento de la Francia Libre. (N. de la Ed.).

Si hay un Imperio del que no se ha hablado mucho hasta ahora, ese Imperio es el francés. Todo sucede como si los franceses hubieran sido capaces de conquistar muchos países en todas las partes del mundo sin haber tenido nunca que enfrentarse a las dolorosas luchas por la libertad que habitualmente surgen, de vez en cuando, en los países sometidos.

La mayoría de los franceses creen sinceramente que es así. Piensan que se les debería obedecer por amor y que, de hecho, eso es lo que ocurre. Con la ingenua complacencia que en todo momento acompaña al amor que se siente por el propio país, tienen la sensación de que, después del estatus de ciudadano francés, lo mejor, lo que viene inmediatamente después, es ser súbdito francés. Creen que los pueblos que Francia ha conquistado le están agradecidos por semejante privilegio.

Ahora es de suma importancia conocer la verdad exacta sobre el tema. Hoy en día, las colonias francesas han alcanzado un gran valor estratégico. Algunas malas experiencias han demostrado con demasiada claridad que nunca deben descuidarse los sentimientos de los indígenas.

Siempre me he esforzado por llegar a la verdad exacta sobre este asunto. Soy francesa. Pero creo en la necesidad de buscar la justicia y la verdad antes que el poder y la prosperidad, ya sea para uno mismo, para su familia o para su propio país.

Las circunstancias me han impedido visitar el Imperio francés, con la excepción de una estancia en Marruecos, hace unos meses. Pero siempre he aprovechado la ocasión para hablar en Francia con indígenas de las colonias francesas y siempre me he ganado la confianza de todos ellos. Esa debería ser una mejor manera de disponer de alguna información más precisa que la información de que disponen aquellos que, después de haber pasado varios años en las colonias, regresan habiendo tenido trato solo con franceses o con indígenas asustados, que no se atrevían a expresar sus verdaderos pensamientos.

Una parte del Imperio francés se encuentra unida a Francia por fuertes lazos sentimentales. Es la parte en la que toda la población ha obtenido la ciudadanía francesa. Es decir, las Antillas francesas, la Guayana Francesa y algunas ciudades de Senegal.

Cuando las personas de color de esos sitios vienen a Francia, disfrutan de total igualdad con los franceses. No solo tienen los mismos derechos ante la ley, sino que gozan de las mismas perspectivas e incluso de igualdad social. Aman a Francia de todo corazón. Y sin embargo, para algunos de ellos, cierta amargura se mezcla con ese amor, porque sienten las injusticias que sufren sus hermanos de sangre en el África Negra.

Los sentimientos de los negros africanos están probablemente muy mezclados. Se han contado historias verdaderas y conmovedoras de soldados negros heridos cuyas últimas palabras expresaban su orgullo y su alegría por morir por Francia. Pero otros negros heridos, que habían perdido un brazo o una pierna por Francia y habían recibido menos reparación que los soldados blancos, se preguntaban amargamente si una pierna negra valía menos que una pierna blanca.

Cuando se combatía en Siria, circulaba por Francia el rumor de que las tropas francesas de Vichy que iban en primera línea estaban compuestas casi en su totalidad por soldados de color. El rumor causó gran amargura entre los soldados de color en Francia. Habían derramado su sangre luchando con mucha buena voluntad contra los alemanes, porque sabían perfectamente cuál sería su destino si los alemanes salieran victoriosos. Sentían amargamente que sus parientes de sangre hubieran sido elegidos por el Gobierno para morir a manos de los alemanes. Durante los largos días de espera en los hospitales o en los campamentos, el resentimiento solo podía extenderse. Los que regresaron a casa se llevaron probablemente consigo ese resentimiento.

Durante los tres últimos años que precedieron a la guerra se habían producido notables progresos en el África Negra francesa. Con el ejemplo de Coppet, un gobernador había logrado impedir que los blancos bajo su jurisdicción apalearan cruelmente a sus sirvientes, como hacían antes, en ocasiones. Pero es cierto que, en general, la primacía de la política francesa consiste, sobre todo, desde hace mucho, en buscar los favores de las familias indígenas más acomodadas.

En 1937 hablé con dos muchachos de Dakar que acababan de graduarse como maestros de escuela pública y se encontraban en París con ocasión de un breve viaje. Eran de noble cuna y se sentían muy orgullosos de ello. Decían que, nada más crearse las primeras escuelas francesas, las mejores familias habían enviado allí a los hijos de sus sirvientes. Creían que todo lo que hacían los conquistadores era necesariamente nocivo. Más adelante, se dieron cuenta de que los hijos de los sirvientes adquirían instrucción, dinero y estatus social. Entonces esas mismas familias nobles enviaron a sus propios hijos a esas escuelas e impidieron que entraran niños de origen modesto. Los dos muchachos estaban absolutamente dispuestos a reconocer la superioridad fundamental de los franceses, siempre que su propia superioridad sobre los negros de origen menos acomodado quedara firmemente establecida. Al preguntarles si tenían alguna queja contra la dominación francesa, respondieron, para mi gran sorpresa, que solo lamentaban dos cosas: que los franceses hubieran prohibido la guerra y abolido la esclavitud. Naturalmente, sus antepasados habían sido guerreros y amos de esclavos.

Es cierto que los conquistadores franceses abolieron la esclavitud. Pero no hace tanto tiempo seguía existiendo la forma más cruel de trabajo forzado, para la construcción de carreteras y de vías férreas. Un trazado de ferrocarril francés en África adquirió una reputación siniestra hace unos quince años, cuando se reconoció oficialmente que cada metro de vía construido había costado la vida de un negro.

El famoso escritor André Gide y el conocido periodista Albert Londres escribieron sendos libros sobre los horrores del trabajo forzado en la construcción de carreteras y de vías del ferrocarril en el África Negra francesa. Sus alegaciones nunca fueron desmentidas oficialmente. Pero hay algo casi más grave. Un hombre de negocios llamado Monsieur Bélime descubrió que un vasto territorio en la curva del río Níger estaba sin explotar. Lo que hicieron las autoridades francesas al respecto fue algo del más puro estilo hitleriano. Simple y llanamente se limitaron, sin más, a desarraigar por la fuerza a los habitantes de pueblos enteros y a llevarlos allí a trabajar. Esas deportaciones se prolongaron durante años y es posible que aún continúen en la actualidad.

Pero, al mismo tiempo que envían a esos desgraciados privados de toda alegría a trabajos forzados a una tierra que no es la suya, la influencia sutil de la civilización moderna está corrompiendo los placeres auténticos que el campesinado negro podía encontrar, a pesar de su pobreza, en sus propios pueblos. El flujo ininterrumpido de gente que se desplaza del campo a las ciudades es la principal enfermedad de la civilización de los blancos; la colonización va exportando poco a poco esa enfermedad hasta el África Negra.

En Madagascar existe desde hace algunos años un movimiento por la independencia. Ignoro si es algo serio o no. Pero de lo que estoy segura es de que las cartas de Lyautey escritas desde Madagascar, que describían los métodos de conquista de Gallieni, podrían haber contribuido favorablemente a la instrucción de Hitler. También me enteré de que a los soldados nativos de Madagascar que habían permanecido en Francia durante algún tiempo después de la derrota y habían viajado a Vichy para exponer determinados agravios, los pusieron con toda crueldad en su sitio. De modo que dijeron entonces: «Si es así, en cuanto volvamos a casa, arrojaremos a los franceses al mar». Son solo palabras, por supuesto. Pero palabras así expresan sentimientos.

Alain Gerbault, navegante mundialmente famoso que dio la vuelta al mundo en solitario, en una embarcación de vela, contó en sus libros historias que describían una desgarradora angustia moral y que tenían lugar en las islas francesas del Pacífico. Su sincera benevolencia, su conocimiento de las lenguas indígenas y sus magníficas hazañas náuticas le granjearon la estima de gente que, con toda confianza, imploraron su protección. Él intentó ayudarlos contando la verdad al respecto. Pero, a pesar de su fama y de la gran difusión de sus libros, el intento no surtió efecto. La gente leía con indiferencia. Policías analfabetos reinaban como amos y señores absolutos sobre una de las poblaciones más refinadas, más sutiles y más «poetas» del mundo. Los cantos, las danzas, los ropajes y el hábitat indígenas siguieron estando prohibidos en parte de las islas. Se mantiene aplastado al pueblo bajo el peso de costumbres extranjeras sin sentido que le han sido impuestas, y de una vida monótona y sin alegría. En realidad, Alain Gerbault afirma que las poblaciones de algunas de esas islas van consumiéndose rápidamente de pura pena.

La colonia francesa que más problemas causó fue Indochina. En 1931 tuvo lugar una revuelta. Después, el periódico francés más leído en París, *Le Petit Parisien*, publicó una serie de estudios sobre las causas de aquella revuelta, escritos por un periodista muy conocido, que contenían historias aterradoras que nunca han sido desmentidas. Pero, al parecer, la gente es sorda y ciega ante ciertas cosas. Al menos el 99 % de los franceses bien informados no saben nada de Indochina.

Conozco a un indochino, hombre digno de confianza, que vio, poco después de esa revuelta, a personas muertas de hambre dando tumbos de aquí para allá, o agotados y reducidos a un estado de esqueletos andantes. Provenían del norte de Indochina, donde la sequía era grave, e intentaban llegar a las regiones del sur, donde había abundancia de alimentos; pero las autoridades francesas se lo impedían, en represalia por la revuelta. Ese mismo indochino tenía un amigo que trabajaba como secretario en una prisión, más o menos por la misma época. Cada tarde, ese amigo salía del trabajo completamente asqueado, después de haber oído durante todo el día los gritos horribles de hombres y mujeres torturados. Son cosas sobradamente conocidas en Indochina, al menos entre los indígenas, y no creo que pueda haber duda alguna acerca de su veracidad. Sucedió hace diez años, y diez años no son suficientes para que tales experiencias caigan en el olvido.

Un estudiante indochino me contó cosas terribles sobre los trabajos forzados en las plantaciones. Conocía bien el tema, porque se lo había contado un amigo suyo que era médico en una plantación, y luego también otro que había ayudado a un campesino a escapar de uno de esos infiernos. Eso mismo se lo oí contar igualmente a un joven titulado francés que era gerente de una plantación. Le pregunté si les pegaban a los trabajadores a su cargo. Me dijo que los golpes eran la única forma de castigo utilizada. Y eso era por pura bondad de corazón —añadió—, porque eran hombres que estaban en el límite extremo de la fatiga y el hambre, y cualquier otro castigo habría sido aún más cruel.

Los campesinos quedaban atrapados en aquellos lugares por medios poco honrados y luego no podían ya marcharse. Si se escapaban, la policía los perseguía. Se veían obligados a vivir como proscritos. La mayoría de las veces los capturaban, los encadenaban y los llevaban de vuelta a sus amos, que mandaban apalearlos o los exponían a las hormigas rojas hasta que aprendieran a someterse a la esclavitud.

Los estudiantes indochinos nos cuentan que, en otro tiempo, antes de la dominación francesa, el pueblo llano estaba mucho más escolarizado, había muchas más oportunidades de alcanzar incluso los puestos más altos y la distribución de alimentos era mejor. Bajo la dominación francesa, por el contrario, cuando la gente del norte lo pasaba mal o incluso se moría de hambre, cosa que ocurría con demasiada frecuencia, el arroz producido en abundancia en el sur seguía enviándose a ultramar para obtener beneficios.

Esos mismos jóvenes cuentan cosas maravillosas sobre cómo se gestionaba el país antes de la llegada de los franceses. Conocen tales cosas por sus padres. Pueden ser exageraciones, por supuesto, pero en cualquier caso expresan bien los sentimientos de la juventud instruida. Aunque hayan estudiado en Francia, nunca podrán aceptar someterse a una dominación extranjera. Se someten únicamente porque se sienten impotentes.

No cabe duda, Francia tiene mala conciencia en todo este asunto, puesto que a los intelectuales indígenas les está prohibido, salvo autorización excepcional, estudiar en la biblioteca que encierra todos los documentos y manuscritos relativos a su propio país. ¿Qué sentirían los intelectuales franceses si se les prohibiera el acceso a la Biblioteca Nacional?

Y ¿cómo se lo tomarían los padres franceses si sus hijos se vieran obligados a decir en la escuela «nuestros antepasados, los alemanes...»? Sin embargo, a menudo bromeamos sobre el hecho de que, en todo el Imperio francés, los niños negros, los de tez morena o los amarillos se ven obligados a aprender y repetir estas palabras sin sentido: «Nuestros antepasados, los celtas, tenían la piel clara, los ojos azules y el pelo rubio». Por lo que respecta al pasado de Indochina, es de sumo interés leer los informes de los misioneros del siglo XVII. Algunos de ellos hablan en términos muy elogiosos de las costumbres del pueblo y de la política del rey.

Era un país añejo y muy culto, una tierra de civilización antigua y pacífica. Aún hoy, en las colinas del norte, los campesinos pueden componer bellos poemas chinos los días de fiesta.

Si se juzgara a las naciones por sus criterios de justicia en lugar de por sus éxitos, la conquista de Indochina debería haber avergonzado más a Francia que cualquier derrota. No existía la absolutamente ninguna excusa para ello, salvo que Francia, que había sido derrotada por Alemania en 1870, tenía que hacer pagar a un pueblo inocente el amargo dolor que había sufrido. Además, algunos oficiales necesitaban gloria, forjarse una reputación entre las damas de los salones y conseguir un sillón en la Academia Francesa. Tales fueron las motivaciones, al menos para uno de ellos, como se afirma en ciertas cartas a Madame de Caillavet, amiga de Anatole France.

Durante el invierno de 1939-1940, el Gobierno francés llevó por la fuerza a unos treinta mil campesinos indochinos a Francia para trabajar en las fábricas de guerra. Habían sido arrancados de sus remotas aldeas, la mayoría no hablaba nada de francés y nunca, o casi nunca, había visto antes a un hombre blanco.

Los vi después de la derrota. Sus alojamientos eran dos cárceles sin amueblar en las que los habían hacinado miserablemente, comiendo y durmiendo en el mismo suelo, mal alimentados, sin calefacción, sin luz artificial, ni siquiera en invierno, sin ninguna actividad y lastimosamente aturdidos. Estaban bajo la misma presión que si hubieran sido prisioneros de guerra. Naturalmente, no me permitieron en absoluto ver los alojamientos. Casi nadie podía acceder a ellos legalmente.

Algunos de esos hombres me dijeron: «Nos habían dicho que veníamos a trabajar para Francia y que nos cubriríamos de gloria. Ahora pasamos hambre, vivimos en el frío, la oscuridad y la tristeza. ¿Por qué?». No sabía qué contestarles.

Los vigilantes que tenían eran voluntarios, jóvenes que habían ido a la escuela, que hablaban un poco de francés y a los que se les había prometido un viaje muy atractivo y la oportunidad de continuar sus estudios. En lugar de eso, lo único que conocían era el tedio, las privaciones y la tristeza, y a menudo recibían palizas y patadas de los oficiales franceses de las tropas coloniales. Me dijeron que, aunque siempre les habían parecido los franceses que vivían en Indochina unos tigres sedientos de sangre —según sus propias palabras—, pensaban que los franceses que vivían en Francia eran cultos, cordiales y amables, pero ahora odiaban a los franceses sin discriminación.

En lo que a los japoneses se refiere, la mayoría de los indochinos decían que, a partir del momento en que tuvieran que ser subyugados, no les importaba quiénes eran los amos. Unos pocos decían que preferirían tener amos de una raza emparentada. Por supuesto, su verdadero deseo era acabar con toda ley extranjera, viniera de donde viniera. Sin duda alguna. son capaces de gobernar su propio país.

O, si no son del todo capaces, su necesidad de libertad es tanto más urgente. Porque no los estamos educando según la norma francesa; los estamos corrompiendo. La juventud educada está literalmente desarraigada desde el punto de vista espiritual y sin ningún apoyo moral. La generación siguiente será aún peor.

Los problemas relativos a las poblaciones árabes de África del Norte se están convirtiendo en la actualidad en objeto del máximo interés. Los errores podrían ser fatales en este asunto, y son fáciles de cometer.

Argelia es la primera gran colonia francesa. La conquista comenzó en 1830. Sabemos cómo era el país hacia 1880 gracias al libro del pintor y escritor francés Fromentin, que había viajado a Argelia. Vio que los árabes, tristemente reducidos a la derrota, estaban dispuestos a ceder todo lo bueno del país a sus conquistadores, pero rogaban y suplicaban a los vencedores que los dejaran vivir su propia vida, lejos de los blancos, en libertad y en la más absoluta pobreza. Pero ni siquiera esa humilde petición, dice Fromentin, pudo ser satisfecha. El escritor describió la angustia de todos ellos cuando sus bellas ciudades fueron destruidas, cuando las casas de los blancos en Argel les impidieron ver su mar tan querida.

Esos hombres están muertos. Sus hijos y nietos nacieron ya en la subyugación. Algunos aceptaron los logros de la civilización moderna y de la democracia. Pero eso no los satisface. Los hace infelices. Desde el momento en que Francia tan solo les concede unos escasos derechos políticos, deben sentirse, como demócratas, totalmente humillados y agraviados. Otros se aferran a las tradiciones islámicas árabes y orientales que florecían en una civilización que tan brillante fue en la Edad Media. No pueden soportar verse regidos por personas de razas y creencias extranjeras. Sufren con amargura la influencia francesa, que va destruyendo poco a poco los vestigios de la auténtica cultura árabe.

Lo más extraño es que, en algunos hombres, los dos sentimientos aparecen mezclados. Esos hombres sufren una doble herida. Conocía a uno de ellos, Messali Hadj, líder de un grupo llamado Partido Popular de Argelia. Hoy no sé si sigue vivo o si murió; la última vez que supe algo de él, justo antes de la guerra, llevaba dos años en la cárcel, condenado por su actuación política. Me pareció que era en realidad un hombre muy cabal, totalmente entregado al bien de su pueblo y dispuesto a sufrir por su salvación, como así fue. Era un musulmán piadoso. Quería que su pueblo conservara su propia forma de adorar a Dios y su antigua cultura oriental. Al mismo tiempo, había vivido mucho en Francia. Era un demócrata de corazón y también, en cierto modo, un socialista. Sufría amargamente la inferioridad política, económica y social impuesta a su pueblo, un pueblo cuyo pasado había sido tan brillante.

Parece cierto que había mucha más pobreza en Argelia antes de la conquista francesa que ahora. Pero las comparaciones del destino de quien sea con el de su abuelo no sirven de consuelo a nadie. La necesidad es más acuciante ahora que entonces. Durante muchos años, muchos árabes que no daban con la manera de vivir en su propio país encontraron la forma, legal o no, de llegar a Francia. Una vez en Francia, la mayoría de ellos llevaron una vida miserable, realizando trabajos muy penosos en fábricas a cambio de salarios indignos. A algunos les pagaban bien, pero era en la industria química y por trabajos tan insalubres que morían a menudo en menos de tres años.

Pero los árabes son contemplativos. Prefieren la ociosidad, aunque eso suponga tener que soportar grandes privaciones, antes que un trabajo duro para alcanzar un poco de comodidad. La presión ejercida por la civilización europea los obliga en la práctica a un trabajo penoso. Es algo que los hiere en su sensibilidad hasta lo más profundo. Una vez, por ejemplo, hubo una huelga en una mina, porque los propietarios franceses esperaban la misma producción durante el Ramadán que en cualquier otro momento. El Ramadán es un periodo de ayuno durante el cual no pueden comer nada desde la salida hasta la puesta del sol.

Túnez es, de las tres colonias norteafricanas, la que menos problemas ha causado, porque la gente es de carácter tranquilo y algo indolente, pero se quejan, y con razón, de la política alimentaria. A menudo sufren terribles sequías y se hace muy poco al respecto. Un amigo mío fue testigo de una en 1938, cuando muchos pastores y agricultores morían por las secuelas de la desnutrición. En aquella época había comida en abundancia en toda Europa. Habría sido fácil prestarles ayuda. Pero nadie se preocupó lo suficiente.

Las tres colonias de África del Norte se quejan de que más de la mitad de su presupuesto se destina a Francia y a los funcionarios franceses. Todos los funcionarios franceses de las colonias reciben elevados complementos salariales, pagados con fondos de la propia colonia. La colonización francesa resulta muy cara para los indígenas y los impuestos repercuten mucho en los pobres.

Como es natural, desde que Francia se instaló en África del Norte, muchos árabes han adoptado una actitud amistosa. Pero su sinceridad puede ponerse en duda. Sabemos que bastantes «colaboracionistas» franceses odian de todo corazón a Alemania y que únicamente el miedo al peligro y el afán de lucro los empujan a tal comportamiento. Podemos suponer que lo mismo ocurre con la mayoría de los «colaboracionistas» árabes, y me refiero a los árabes que aceptaron colaborar con Francia.

La población árabe, en general, se mantiene muy distante y no se mezcla mucho con los europeos.

Marruecos es la conquista francesa más reciente. En teoría, no es una colonia sino un «protectorado». De hecho, a pesar de algunas ligeras diferencias, es un país sometido, como los demás.

Se dio una ocasión muy dolorosa para tomar conciencia de ese sometimiento, hace ahora unos quince años. En aquella época, las autoridades francesas expoliaban a miles y miles de campesinos indígenas, privándolos de sus tierras y entregándoselas a especuladores franceses. Eso se llamaba «expropiación por causa de utilidad pública». Aquellos desdichados no recibieron sino una escasa retribución o incluso nada de nada, no lo recuerdo con exactitud. En cualquier caso, quedaron desarraigados de sus aldeas y fueron a hacinarse miserablemente en los alrededores de las grandes ciudades, donde languidecieron en barriadas de chabolas, sin ningún medio de subsistencia.

Eso sucedió, por supuesto, hace doce o quince años. Es una historia antigua. Pero para esa gente la historia no tiene quince años, ni un año, ni un día. Aún hoy continúa. La tierra que les fue arrebatada no les ha sido devuelta. Siguen estando sin casa y necesitados.

En 1925 aún había guerra en Marruecos. El ejército francés puso punto final a la conquista utilizando carros de combate y bombardeos aéreos contra los hombres de las tribus. He visto algunas postales que representaban en clave de humor unos cuantos episodios de aquella guerra. Hace unos años, esas postales se vendían en los quioscos de prensa de Casablanca. Dos de ellas mostraban a árabes corriendo y dispersándose, asustados como animales frente a los carros de combate y bajo los bombardeos. Los árabes aparecían representados exactamente igual que los judíos en las revistas nazis, con las mismas figuras grotescas y los mismos rostros repugnantes. Al pie de las imágenes había dos o tres líneas de bromas insultantes sobre la supuesta cobardía de los rebeldes árabes.

Si los alemanes se pusieran a vender imágenes semejantes en los quioscos de París a propósito de la guerra en Francia, ¿cómo les sentaría a los franceses?

De hecho, cuando los carros alemanes empezaron a avanzar por las calles de Francia y hubo que detenerlos o al menos ralentizarlos un poco, los soldados de caballería árabes fueron prácticamente los únicos soldados del ejército francés que parecieron válidos para ese tipo de trabajo. A los espahis marroquíes, en particular, los lanzaron contra los carros y murieron en la acción.

Hubo realmente muchas víctimas entre los soldados indígenas llegados de Marruecos, y el pueblo marroquí está muy dolido por ello.

Sienten que es más bien abominable ser considerados iguales únicamente para morir. Cualquier francés, ya sea sin educación, analfabeto, se cree muy superior a los más refinados de los señores árabes. Eso es algo bastante difícil de soportar para gente que vive en sus propias tierras. Naturalmente, ocurre lo mismo en todas las colonias. Y lo cierto es que a los indígenas de todas las colonias les resulta insoportable.

Algunos franceses muy cultos no solo simpatizan con los árabes, sino que «se arabizan» en grado sumo. Uno de ellos es un erudito profesor universitario que se ha hecho musulmán, se ha casado con una mujer árabe, tiene una familia

musulmana y viste ropas indígenas. Un día viajaba en autobús con un profesor universitario árabe, vestido a la europea. El cobrador del autobús, un francés, confundió las na-
cionalidades de uno y otro; le habló con respeto al árabe
vestido a la europea y empujó sin miramientos al francés
vestido como un árabe, dirigiéndose a él con vulgares gro-
serías.

No ha habido revueltas en Marruecos desde la derrota
francesa. Pero ha habido un cambio de actitud muy marcado. Tuve muchas ocasiones de comprobarlo cuando estuve
allí, hace unos meses.

Ahora que los árabes se atreven a mostrar su resentimiento secreto, está bastante claro que, si no con palabras, al
menos sí con su actitud desafiante, no les gusta Francia. No
ha habido hasta ahora ningún acto manifiesto de hostilidad, pero sí un ambiente de malestar que los franceses ins-
talados en el país empiezan a sentir con fuerza.

No cabe esperanza alguna que los árabes, en una situación de emergencia, den su vida por seguir estando bajo
dominación francesa.

Pueden permanecer pasivos. También pueden prestar
ayuda activa a Alemania. La propaganda alemana ha sido
muy intensa entre ellos y probablemente ha ido acompañada de generosas promesas en lo que a libertad se refiere.
No serían humanos si no dieran crédito a tales promesas. No
es humano desechar la esperanza cuando se está en la desgracia.

Incluso sin esa esperanza, la creencia de que los alemanes son el bando más fuerte sería suficiente para que se pa-
saran a ese bando. Los hombres pueden elegir el bando del
más débil por la libertad, por su propio país, pero no se

puede esperar que hagan lo mismo cuando faltan esas motivaciones. Nadie muestra virtudes heroicas bajo coacción y sin ninguna esperanza de poder liberarse.

Las únicas excepciones son los soldados profesionales indígenas. Estos sienten una devoción personal ciega por sus oficiales franceses que, en el fondo de su corazón, están casi todos del lado de los aliados.

Por otra parte, los terratenientes franceses en Marruecos se han mostrado estos últimos tiempos fanáticamente antibritánicos. Creen que los británicos quieren apoderarse de Marruecos y parecen haber olvidado por completo que Alemania siempre ha codiciado esa tierra.

Aunque los aliados solo pueden esperar indiferencia larvada u hostilidad por parte de las poblaciones indígenas, mientras se mantenga el *statu quo* en el Imperio francés, lo más probable es que fueran recibidos con entusiasmo, en particular los estadounidenses, si dieran a entender a los árabes alguna esperanza de libertad. Los árabes se sentirían sin duda más inclinados a creer en las promesas de Estados Unidos que en las de Alemania.

Eso es cierto para el mundo entero. Y el mundo entero se levantaría contra el Eje si los Aliados dejaran entrever para todos alguna esperanza de libertad. Si no lo hacen, la mayor parte de la humanidad verá el despliegue de fuerzas con apatía y desesperanza.

Trato que reciben los prisioneros de guerra negros del Ejército francés[1]

Resulta que tengo ciertas informaciones sobre el trato que reciben los soldados de color del Ejército francés en los campos de prisioneros alemanes. Las obtuve principalmente de un negro francés muy conocido, que recibió la visita de varios de sus hermanos de sangre después de que se hubieran escapado o hubieran sido liberados por enfermedad.

Los alemanes odian a los negros de un modo implacable e indignante. Aparte de sus prejuicios raciales, tienen alguna excusa para ello debido a determinados incidentes de

---

1. 1942 (Proyecto de artículo). Este proyecto de artículo, al igual que el anterior, fue redactado originalmente en inglés con el propósito de dirigirse al público estadounidense. La filósofa firma el artículo con el seudónimo Francis Brown para preservar su anonimato. Little sugiere que el nombre «Francis» podría aludir a Francia, mientras que «Brown» no solo sería un apellido común, sino también una posible referencia a los sujetos del artículo, véase *(Cahiers Simone Weil, XXII, 3, 1999, p. 229. (N. de la Ed)*.

los que fueron víctimas durante la guerra en Francia. Los soldados negros del Ejército francés, generalmente nativos del África francesa, algunos procedentes de tribus, se ensañaban matando alemanes. Un suboficial francés que había tenido a algunos de ellos bajo su mando me decía que no podía impedir que acabaran con los heridos. Los alemanes se lo devolvieron con toda crudeza. Cuando capturaban regimientos enteros del Ejército francés, fusilaban *in situ* a muchos soldados negros.

Después dieron comienzo las largas marchas de humillación, agotamiento y hambre. A los soldados de color los hostigaban sin piedad, los empujaban a punta de bayoneta, los trataban a patadas y eran objeto de malos tratos brutales. A los que caían de agotamiento, lo normal era que los mataran.

En cuanto a la conducta de sus camaradas franceses bajo las armas, he oído varios informes sobre el particular. En un caso, los soldados blancos repelían a los desafortunados hombres de color que intentaban mezclarse con ellos para tener un respiro cuando los acosaban. En otros casos, reinaban la simpatía y la ayuda mutua. Un amigo mío, un oficial francés, protestó en favor de un soldado negro al que una bala casi le había roto una pierna y al que obligaban a seguir caminando. Un oficial alemán se indignó tanto al ver que un oficial blanco salía en defensa de un negro, que le hizo a mi amigo el honor de escupirle a la cara.

Más adelante, los prisioneros negros fueron separados de los demás; algunos, en Alemania, pero principalmente en campos de la Francia ocupada. Los maltrataban más que a los prisioneros franceses, pasaban más hambre y a menudo recibían palizas. Pero las cosas no empezaron a ponerse verdaderamente horribles hasta que los alemanes se pusieron a realizar con ellos experimentos biológicos.

Los alemanes pensaban que se les presentaba una oportunidad maravillosa para investigar sobre la raza. Cogían a un negro, a menudo un hombre originario de los rincones más calurosos de África, lo obligaban a desnudarse y lo dejaban a pie firme, completamente desnudo, en barracones sin calefacción cuando hacía un frío extremo, durante horas y horas. Mientras el negro permanecía de pie, tiritando, los alemanes procedían a su estudio, tomándose su tiempo. Le pinchaban para sacarle un poco de sangre. Analizaban la sangre de diferentes modos. Comentaban los análisis. Le pinchaban en otra parte del cuerpo, sin duda con la esperanza de encontrar otro tipo de sangre. La mandaban a analizar. Le daban golpecitos en distintas partes del cuerpo para estudiar sus reflejos. Comentaban las observaciones. Volvían a empezar todo desde el principio. Tales escenas duraban horas, mientras al hombre desnudo lo obligaban a permanecer de pie como un bloque de madera. Cuando se cansaban, le permitían vestirse. Al día siguiente, volvían a empezar con otro hombre, o con el mismo, según se les antojaba.

Haciendo todo eso, no tenían ninguna intención de ser crueles. No podían evitar mirar a los hombres de piel oscura como si fueran animales. Jugaban con ellos y experimentaban con ellos, como si estuvieran realmente tratando con animales.

Entre estos hombres de color había hombres que venían de tribus del África Negra. También había hombres de leyes, médicos, hombres de todas las profesiones, nacidos en la Guayana o la Martinica, que eran ciudadanos franceses, que habían estudiado en París y que hablaban francés como cualquier blanco nacido en París. Estos últimos estaban acostumbrados desde siempre a mezclarse en Francia con los blancos de su profesión, en perfecta igualdad.

Los alemanes no hacían ningún tipo de discriminación. Los habían amontonado a todos y los trataban exactamente igual. Lo mismo a un hombre de leyes que a un médico, los obligaban a quedarse de pie, desnudos, y a someterse a sus experimentos, exactamente igual que a los demás.

Cuando un oficial alemán quería presumir del francés que había aprendido en la escuela, se quedaba a veces estupefacto al ver que le respondían en un francés perfectamente correcto y refinado. Uno de esos oficiales, en una circunstancia similar, dijo: «¿Cómo es posible que pueda usted hablar un francés mejor que el mío?». Y oyó que le contestaba: «La explicación es muy fácil: usted es alemán y yo soy francés». Pero el oficial no podía entenderlo. Simplemente, no le entraba en la cabeza la idea de que hombres de color fueran franceses, hubieran vivido en París como estudiantes y tuvieran una profesión como cualquier francés blanco.

La inanición, la falta de ropa de abrigo, la falta de calefacción y el hecho de haber estado expuestos injustificadamente al frío mataron probablemente a muchos más hombres de color que la guerra. Los alemanes los enviaban de vuelta a la Francia no ocupada cuando estaban ya casi muertos de tuberculosis. Allí agonizaban en los hospitales. Muy pocos de ellos podían esperar volver a ver su país de origen antes de morir.

Hay algo más grave aún. Existe en algún lugar de Alemania un campo de prisioneros negros sometidos a trabajos forzados, que está totalmente dirigido por jóvenes alemanes de catorce o quince años. Unos niños con látigos. Cuando un negro aminora el paso por agotamiento, se abalanzan inmediatamente sobre él, látigo en mano.

En el sur de Francia hay un hospital para soldados negros del Ejército francés que los alemanes habían capturado y devuelto a Francia. Llegan casi destruidos. Pero no todos lo están por la tuberculosis. Muchos vuelven completamente locos.

Algo que no es en absoluto sorprendente.

Muchísimos, muchísimos más hombres y también mujeres de raza negra en el mundo se volverían completamente locos como consecuencia de semejante maltrato, si llegara a ocurrir que los alemanes ganaran la guerra.

A propósito de la cuestión colonial en sus relaciones con el destino del pueblo francés[1]

El problema de una doctrina o de una fe que inspire al pueblo francés en Francia, en su resistencia actual y en su construcción futura, no puede separarse del problema de la colonización. Una doctrina no se confina en el interior de un territorio. El mismo espíritu se expresa en las relaciones de un pueblo con quienes lo han dominado por la fuerza, en las relaciones internas de un pueblo consigo mismo y en sus relaciones con quienes dependen de él.

En cuanto a la política interior de Francia, nadie es tan insensato como para proclamar que la Tercera República, tal como era el 3 de septiembre de 1939, va a resucitar de la nada. Se trata de un régimen acorde con las tradiciones de Francia, es decir, principalmente, con la inspiración que le

1. 1943. Escrito en Londres para los servicios de la Francia Libre. *(N. de la Ed.)*.

dio a Francia en la Edad Media un papel tan importante en Europa, y con la inspiración de la Revolución Francesa. Es, además, esencialmente la misma, traducida del lenguaje católico al lenguaje laico.

Si de verdad ese criterio es válido para Francia, si es real, no debería haber otro para las colonias.

Eso implica no un mantenimiento, sino una suspensión del *statu quo* hasta que el problema colonial se haya repensado, o más bien pensado, Porque nunca ha habido en Francia una doctrina colonial. No podía haberla. Ha habido prácticas coloniales.

Para pensar el problema hay que superar tres tentaciones. La primera es el patriotismo, que inclina a preferir el propio país a la justicia, o a admitir que nunca se da el caso, en modo alguno, de que hay que elegir una u otra. Si hay algo sagrado en la patria, debemos reconocer que hay pueblos a los que hemos privado de su patria. Si no hay nada de eso, entonces no debemos tener en cuenta nuestro país cuando se plantea un problema de justicia.

La segunda tentación es recurrir a las competencias. Las competencias en esta materia son los funcionarios coloniales. Son parte del problema. Más aún, si se estudiara a fondo el problema, hasta podrían convertirse en acusados. Su opinión no es imparcial. Además, si salieron de Francia hacia las colonias, fue en muchos casos porque el sistema colonial los atraía de antemano. Y sobre todo es que, una vez allí, la situación los llevó a una transformación

El lenguaje de los indígenas, incluso de los más levantiscos, es un documento menos demoledor para la colonización que el de muchos colonos.

Los indígenas que vienen a Francia prefieren tratar con franceses de Francia cada vez que pueden, antes que con funcionarios coloniales.

Esa competencia, ellos, los indígenas, no la aprecian. Pero, de hecho, siempre los remiten a funcionarios coloniales. El prestigio de las competencias es tal en Francia que, cuando los indígenas intentan presentar una reclamación contra un acto de opresión, la reclamación cae a menudo, de despacho en despacho, en manos de aquel contra quien se presentó y este se venga. Se tiende a repetir esa misma operación a gran escala.

Tal competencia no solo está viciada, sino que además es muy fragmentaria.

Lo es a menudo en el espacio, en el sentido de que muchos conocen un rincón del Imperio y generalizan. Lo es sobre todo en el tiempo. Con la excepción de Marruecos, donde algunos franceses se han enamorado realmente de la cultura árabe —y ese medio, dicho sea de paso, empieza a constituir una fuente de renovación para la cultura francesa—, los franceses de las colonias no suelen sentir curiosidad por la historia de los países en los que se encuentran. Y aunque la tuvieran, la administración francesa no hace nada para que ese estudio sea posible.

¿Cómo podemos pretender que entendemos algo de un pueblo cuando olvidamos que tiene un pasado? ¿Acaso nosotros, los franceses, no buscamos inspiración en el pasado de Francia? ¿Creemos que Francia es la única que tiene un pasado?

La tercera tentación es la tentación cristiana. Dado que la colonización constituye un entorno favorable para las misiones, los cristianos sienten la tentación de que, por esa razón, la colonización les parezca bien, incluso cuando reconocen sus taras.

Pero, sin entrar a discutir la cuestión —aunque merecería la pena examinarla— de si un hindú, un budista, un musulmán o uno de los llamados paganos no tiene en su propia tradición un camino hacia la espiritualidad como le proponen las Iglesias cristianas; en cualquier caso, Cristo nunca dijo que las naves de guerra tuvieran que acompañar ni siquiera de lejos a los que anuncian la buena nueva. Su mera presencia cambia el carácter del mensaje.

La sangre de los mártires difícilmente puede conservar la eficacia sobrenatural que se le atribuye cuando viene a ser vengada por las armas. Se pretende jugar con más bazas de las que al hombre le están permitidas, cuando se quiere tener a la vez al César y la Cruz.

A los más fervientes laicos, masones y ateos, les encanta la colonización por una razón diametralmente opuesta, pero mejor fundada en los hechos. Les encanta como extirpadora de religiones, cosa que de hecho es; el número de personas a las que lleva a perder su religión supera con creces el número de personas a las que aporta una nueva. Pero también se equivocan quienes cuentan con la colonización para difundir la llamada fe laica. La colonización francesa, en efecto, conlleva, por una parte, una influencia cristiana y, por otra, las ideas de 1789. Pero ambas influencias son relativamente débiles y fugaces. No puede ser de otra manera, dado el modo de difusión de esas influencias y la distancia exagerada entre la teoría y la práctica. La influencia fuerte y duradera va de la mano de la incredulidad o más exactamente del escepticismo.

Lo más grave es que, al igual que el alcoholismo, la tuberculosis y algunas otras enfermedades, el veneno del escepticismo es mucho más virulento en un terreno antes indemne. Por desgracia, no creemos en casi nada. Estamos creando con nuestro contacto una especie de hombres que no creen en nada. Si eso sigue así, algún día sufriremos el contragolpe, con una brutalidad de la que Japón solo nos deja una muestra.

No podemos decir que la colonización forma parte de la tradición francesa.

Es un proceso que se desarrolló al margen de la vida del pueblo francés. La expedición a Argelia fue, por una parte, una cuestión de prestigio dinástico; por otra, una medida de policía mediterránea; como ocurre a menudo, la defensa se convirtió en conquista. Más adelante, la adquisición de Túnez y de Marruecos fue, sobre todo, como dijo uno de los que desempeñaron un papel importante en la segunda, un reflejo de campesino que amplía su pedazo de tierra.

La conquista de Indochina fue una reacción de revancha tras la humillación de 1870. Después de haber fracasado en el intento de resistir a los alemanes, aprovechamos disturbios pasajeros para privar de su patria a un pueblo pacífico y bien organizado, con mil años de civilización. Pero el Gobierno de Jules Ferry llevó a cabo tal actuación abusando de sus poderes y desafiando abiertamente a la opinión pública francesa; otras partes de la conquista fueron las que llevaron a cabo oficiales ambiciosos y diletantes que desobedecían las órdenes formales de sus jefes.

Las islas de Oceanía se tomaron al azar de la navegación, por iniciativa de algún que otro oficial, y se entregaron a un puñado de gendarmes, misioneros y comerciantes, sin que el país se interesara en ningún momento por ellas.

Apenas fue la colonización del África Negra lo único que despertó el interés de la opinión pública. Era también la más justificable, dado el estado de ese desafortunado continente, cuya historia se desconoce casi por completo, pero donde, en cualquier caso, los blancos habían causado todos los estragos posibles durante cuatro siglos, con sus armas de fuego y su comercio de esclavos. Eso no significa que no haya un problema sin resolver con el África Negra.

No puede decirse que el *statu quo* sea una respuesta a los problemas del Imperio francés. Y hay otra cosa más que no puede decirse ni pensarse: que ese problema concierne únicamente al pueblo francés. Eso sería exactamente tan legítimo como la pretensión análoga de Hitler sobre Europa Central. Además de concernir al pueblo francés, el problema concierne al mundo entero, y ante todo a las poblaciones sometidas.

La fuerza sobre la que reposa un imperio colonial es una flota de guerra.

Francia ha perdido casi toda la suya. No puede decirse que la sacrificara; la perdió debido al enemigo, que se habría apoderado de ella si no hubiera sido destruida. A partir de ahí, Francia, para sus relaciones con el Imperio tras la victoria, dependerá de los países que disponen de una flota. ¿Cómo iban esos países a no tener voz en cualquier problema importante relativo al Imperio? Si la fuerza es la que decide, Francia ha perdido la suya; si es el derecho, Francia nunca ha tenido derecho a decidir el destino de las poblaciones no francesas. En ningún sentido, ni de hecho ni de derecho, puede decirse que los territorios habitados por esas poblaciones sean propiedad de Francia.

El mayor error que podría cometer en la actualidad la Francia libre sería, llegado el caso, intentar mantener esa pretensión como un absoluto frente a Estados Unidos. No puede haber nada peor que una actitud radicalmente opuesta a la vez al ideal y a la realidad. Una actitud opuesta a uno de los dos aspectos y conforme con el otro ya tiene grandes inconvenientes; pero el otro los tiene todos.

Es preciso considerar el problema colonial como un problema nuevo. Dos ideas esenciales pueden arrojar algo de luz.

La primera idea es que el hitlerismo consiste en la aplicación por parte de Alemania al continente europeo —y más en general a los países de raza blanca— de los métodos de la conquista y de la dominación coloniales. Los checos fueron los primeros en señalar esa analogía cuando, protestando contra el protectorado de Bohemia, dijeron: «Ningún pueblo europeo ha sido sometido jamás a semejante régimen». Si examinamos con atención los procedimientos de las conquistas coloniales, la analogía con los procedimientos de Hitler es evidente. Tenemos un ejemplo de ello en las cartas escritas por Lyautey desde Madagascar.

El excesivo horror que, desde hace algún tiempo, parece diferenciar de todas las demás la dominación de Hitler puede explicarse quizá por el miedo a la derrota. Sin embargo, eso no debe ocultar la analogía esencial entre los procedimientos, derivados unos y otros, por otra parte, del modelo romano.

Esa analogía proporciona una respuesta prefabricada a todos los argumentos a favor del sistema colonial. Porque todos los argumentos, los buenos, los no tan buenos y los malos, los utiliza Alemania, con el mismo grado de legitimidad, en su propaganda relativa a la unificación de Europa.

El daño que Alemania habría hecho a Europa si Inglaterra no hubiera impedido la victoria alemana es el daño que hace la colonización: el desarraigo. Habría privado de su pasado a los países conquistados. La pérdida del pasado es la caída en la servidumbre colonial.

Ese daño que Alemania intentó en vano hacernos a nosotros, nosotros se lo hemos hecho a otros. Por nuestra culpa, los niños polinesios recitan en la escuela: «Nuestros antepasados los galos tenían el pelo rubio, los ojos azules...». Alain Gerbault ha descrito en libros muy leídos, pero que no han tenido ninguna influencia, cómo hacemos literalmente que esas poblaciones mueran de tristeza al prohibirles sus costumbres, sus tradiciones, sus fiestas, toda su alegría de vivir.

Por nuestra culpa, los estudiantes e intelectuales anamitas no pueden, salvo raras excepciones, entrar en la biblioteca que contiene todos los documentos relativos a la historia de su país. La idea que se hacen de su patria antes de la conquista es la que heredaron de sus padres. Esa idea es, con razón o sin ella, la de un Estado apacible, sabiamente administrado, en el que los excedentes de arroz se guardaban en almacenes para distribuirlos en tiempos de hambruna, en contraste con la práctica más reciente de exportar arroz desde el sur mientras la hambruna hace estragos en las poblaciones del norte. La maquinaria del Estado se basaba enteramente en oposiciones, en las que podían participar todas las clases sociales. Bastaba con haber estudiado, y se podía hacer incluso sin dinero y viviendo en una aldea remota. Las oposiciones se celebraban cada tres años. Los candidatos se reunían en un prado y pasaban tres días redactando un ensayo sobre un tema determinado, generalmente sacado de la filosofía china clásica.

Las oposiciones tenían distintos grados de dificultad y se iba subiendo grado a grado. Cada oposición proporcionaba el entorno del que se elegían los funcionarios de la dignidad correspondiente, y a la oposición más alta correspondía la dignidad de primer ministro; el emperador no tenía libertad para elegir un primer ministro en otro lugar. Había un alto nivel de descentralización en la administración y en la cultura; quedan aún vestigios de ello en algunos pueblos del norte de Tonkín, donde los campesinos conocen los caracteres chinos e improvisan poesías durante las fiestas importantes.

Puede que el cuadro esté embellecido, pero hay que admitir que corresponde a la impresión que dan las cartas de algunos misioneros del siglo XVII. En cualquier caso, por mucha que sea la parte de leyenda, ese pasado es el pasado de ese pueblo, y no podría encontrar inspiración en otra parte. Ya está casi totalmente desarraigado, pero no del todo. Si, una vez expulsados los japoneses, vuelve a caer bajo dominación europea, el mal no tendrá remedio.

Sea cual sea el alivio que posiblemente suponga la marcha de los japoneses, una continuación de la dominación francesa no estaría sin duda exenta de horror, debido a las atrocidades que, según relatos coincidentes, cometieron los franceses para sofocar una rebelión en la época del acuerdo franco-japonés. Según uno de los testimonios, algunos pueblos habrían quedado arrasados por bombardeos aéreos y a miles de personas, acusadas de ser familiares de los rebeldes, las pusieron en pontones y las hundieron. Aunque esas atrocidades, de ser ciertas, las cometieran hombres de Vichy, la población anamita no verá la diferencia.

Al privar a los pueblos de su tradición, de su pasado y, por consiguiente, de su alma, la colonización los reduce al estado de materia humana. Las poblaciones de los países ocupados no son otra cosa para los alemanes. Pero no puede negarse que la mayoría de los colonos tenían la misma actitud para con los indígenas. Los trabajos forzados son extremadamente mortíferos en el África Negra francesa, y se recurre al método de la deportación masiva para poblar el arco del Níger. En Indochina, los trabajos forzados existen en las plantaciones bajo disfraces transparentes; a los fugitivos los devuelve la policía y a veces, como castigo, los exponen a las hormigas rojas; un francés, ingeniero en una de esas plantaciones, decía a propósito de los golpes, que allí son el castigo más común: «Incluso desde el punto de vista de la bondad, es lo mejor que puede hacerse, porque, como están en el límite extremo de la fatiga y el hambre, cualquier otro castigo sería más cruel». Un camboyano, sirviente de un gendarme francés, decía: «Me gustaría ser el perro del gendarme; lo alimentan y no le pegan».

En nuestra lucha contra Alemania, podemos adoptar dos actitudes.

Cualquiera que sea la necesidad de la unión, es absolutamente necesario elegir, hacer pública la elección y expresarla con hechos. Podemos lamentar que Alemania haya hecho lo que nos habría gustado que hiciera Francia.

De ahí que algunos jóvenes franceses digan que siguen al general De Gaulle por las mismas razones por las que seguirían a Hitler si fueran alemanes. O puede horrorizarnos no la persona o la nacionalidad, sino el espíritu, los métodos, las ambiciones del enemigo. Prácticamente lo único que podemos hacer es optar por la segunda alternativa. De lo contrario, no tiene sentido hablar de la Revolución Francesa o del cristianismo. Si nos decidimos por esa opción, debemos demostrarlo con todas nuestras actitudes.

Luchar contra los alemanes no es prueba suficiente de que amamos la libertad. Porque los alemanes no solo nos han arrebatado nuestra libertad. También nos han quitado nuestro poder, nuestro prestigio, nuestro tabaco, nuestro vino y nuestro pan. Motivaciones mezcladas sustentan nuestra lucha. La prueba decisiva sería favorecer cualquier arreglo que garantice una libertad, al menos parcial, a aquellos a quienes se la hemos arrebatado. De ese modo podríamos persuadir no ya a los demás, sino también a nosotros mismos, de que estamos verdaderamente inspirados por un ideal.

La analogía entre el hitlerismo y la expansión colonial, al dictarnos desde el punto de vista moral la actitud que debe adoptarse, nos proporciona asimismo la solución práctica menos mala. La experiencia de los últimos años demuestra que una Europa formada por naciones grandes y pequeñas, todas soberanas, es imposible. La nacionalidad es un fenómeno indeciso en gran parte del territorio europeo. Incluso en un país como Francia, la unidad nacional ha sufrido una conmoción bastante severa; bretones, loreneses, parisinos y provenzales son mucho más conscientes que antes de la guerra de que son diferentes unos de otros. A pesar de algunos inconvenientes, eso dista mucho de ser un mal. En Alemania, los vencedores se esforzarán por debilitar al máximo el sentimiento de unidad nacional. Muy probablemente, una parte de la vida social en Europa se fragmentará a una escala mucho menor que la escala nacional; otra parte se unificará a una escala mucho mayor; la nación será solo uno de los marcos de la vida colectiva, en lugar de ser prácticamente todo, como lo ha sido durante los últimos veinte años. Para los países débiles, pero con una larga tradición acompañada de una aguda conciencia, como Bohemia, Holanda y los países escandinavos, será necesario elaborar un sistema de independencia combinado con una protección militar exterior. Ese sistema puede aplicarse tal cual en otros continentes. Ni que decir tiene que, en tal caso, Indochina estaría, como siempre ha estado, en la órbita de China. La parte árabe de África podría recuperar una vida propia sin perder todo tipo de vínculo con Francia. En cuanto al África Negra, no parece descabellado que, para los problemas de conjunto, dependa enteramente de toda Europa, y que, para todo lo demás, reanude una vida feliz aldea por aldea.

La segunda idea que puede arrojar luz sobre el problema colonial es que Europa se sitúa como una especie de media proporcional entre Estados Unidos y Oriente. Sabemos muy bien que, después de la guerra, la americanización de Europa es un peligro muy serio, y sabemos muy bien lo que perderíamos si eso ocurriera. Y lo que perderíamos es la parte de nosotros mismos que está muy cerca de Oriente.

Consideramos a los orientales, muy equivocadamente, primitivos y salvajes, y se lo decimos. Los orientales nos consideran, no sin algo de razón, bárbaros, pero no lo dicen. Del mismo modo, tendemos a ver Estados Unidos como carente de una verdadera civilización, y los estadounidenses creen que nosotros somos unos primitivos.

Si un estadounidense, un inglés y un hindú coinciden en un mismo lugar, los dos primeros tienen en común lo que llamamos cultura occidental, es decir, cierta participación en una atmósfera intelectual formada por la ciencia, la técnica y los principios democráticos. El hindú es ajeno a todo ello. Por otra parte, este último y el inglés tienen en común algo de lo que el estadounidense carece por completo. Ese algo es un pasado. Son pasados diferentes, por supuesto. Pero mucho menos de lo que podría creerse. El pasado de Inglaterra es el cristianismo y, antes de eso, un sistema de creencias probablemente cercano al helenismo. El pensamiento hindú está muy cerca de uno y de otro.

Nosotros, europeos que luchamos contra Alemania, hablamos mucho hoy de nuestro pasado. Es porque sentimos la angustia de perderlo.

Alemania ha querido arrebatárnoslo; la influencia estadounidense lo amenaza. Solo estamos unidos a él por unos pocos hilos. No queremos que esos hilos se corten. Queremos echar nuevas raíces. Pero de lo que no somos suficientemente conscientes es de que nuestro pasado procede en gran medida de Oriente.

Afirmar que nuestra civilización, por ser de origen grecolatino, se opone a Oriente se ha convertido en un lugar común. Como muchos lugares comunes, se trata de un error. El término grecolatino no tiene un significado preciso. El origen de nuestra civilización es griego. Lo único que hemos heredado de los latinos es la noción de Estado; y la forma en que la utilizamos hace pensar que se trata de una mala herencia. Se dice que inventaron el espíritu jurídico; pero lo único cierto al respecto es que su sistema jurídico es el único que se ha conservado. Desde que conocemos un código babilónico de cuatro mil años de antigüedad, ya no podemos creer que tuvieran un monopolio. En todos los demás campos, su aportación creadora ha sido nula.

En cuanto a los griegos, fuente auténtica de nuestra cultura, ellos ya habían recibido lo que nos transmitieron a nosotros. Hasta que el orgullo de los éxitos militares los convirtió en imperialistas, así lo reconocieron abiertamente. Heródoto no pudo ser más claro a este respecto. Antes de los tiempos de la Historia, existía una civilización mediterránea cuya inspiración procedía, en primer lugar, de Egipto y, en segundo lugar, de los fenicios. Los helenos llegaron a las costas del Mediterráneo como una población de conquistadores nómadas, casi sin cultura propia.

Impusieron su lengua, pero recibieron la cultura del país conquistado. La cultura griega fue el resultado bien de esa asimilación por parte de los helenos, bien de la persistencia de las poblaciones anteriores, no helénicas. La guerra de Troya fue una guerra en la que uno de los dos contendientes representaba la civilización; ese contendiente era Troya. Se nota en el tono de la *Ilíada* que el poeta lo sabía. Grecia en su conjunto siempre ha tenido una actitud de respeto filial hacia Egipto.

El origen oriental del cristianismo es evidente. Tanto si adoptamos con respecto al cristianismo una actitud creyente como agnóstica, en ambos casos es cierto que, como hecho histórico, vino preparado por los siglos precedentes. Aparte de Judea, que es un país de Oriente, las corrientes de pensamiento que contribuyeron a todo ello procedían de Egipto, de Persia, tal vez de la India, y sobre todo de Grecia, pero de la parte del pensamiento griego directamente inspirada por Egipto y Fenicia.

En cuanto a la Edad Media, los momentos más brillantes fueron aquellos en los que la cultura oriental volvió a fecundar Europa, por mediación de los árabes y también por otras vías misteriosas, ya que se produjeron infiltraciones de tradiciones persas. El Renacimiento también se debió en parte al estímulo de los contactos con Bizancio.

En otros momentos de la historia, ciertas influencias orientales pudieron ser factores de descomposición. Ese fue el caso en Roma; es el caso en nuestros días.

Pero en ambos casos se trata de un pseudoorientalismo fabricado por y para esnobs, no del contacto con las auténticas civilizaciones de Oriente.

En resumen, parece que Europa necesita periódicamente contactos reales con Oriente para mantenerse espiritualmente viva. Es cierto que hay algo en Europa que se opone al espíritu de Oriente, algo específicamente occidental. Pero ese algo se encuentra en su estado puro y elevado a la segunda potencia en Estados Unidos, y amenaza con devorarnos.

La civilización europea es una combinación del espíritu de Oriente con su contrario, combinación en la que el espíritu de Oriente debe entrar en una proporción bastante considerable. Esa proporción está lejos de haberse alcanzado hoy en día. Necesitamos una inyección de espíritu oriental.

Tal vez no haya otra forma de que Europa no se descomponga por la influencia estadounidense que no sea a través de un nuevo, genuino y profundo contacto con Oriente.

Actualmente, si ponemos juntos a un estadounidense, un inglés y un hindú, el estadounidense y el inglés confraternizarán aparentemente, considerándose cada uno de ellos muy superior con respecto al otro, y dejarán solo al hindú. La aparición paulatina de un clima en la que los reflejos sean diferentes es quizá espiritualmente cuestión de vida o muerte para Europa.

Ahora bien, la colonización, lejos de ser una oportunidad de contactos con las civilizaciones orientales, como fue el caso de las Cruzadas, impide tales contactos.

La muy pequeña y muy interesante comunidad de arabistas franceses es quizá la única excepción. Para los ingleses que viven en la India, para los franceses que viven en Indochina, el entorno humano está formado por blancos. Los indígenas forman parte del paisaje.

Los ingleses, al menos, tienen una posición coherente. Hacen negocios y punto. Los franceses, les guste o no, llevan consigo los principios de 1789 a todas partes. En tales circunstancias, solo pueden ocurrir dos cosas. O bien los indígenas perciben el impacto que produce en su apego a su propia tradición esa aportación extranjera. O bien adoptan sinceramente esos principios y se indignan al no poder sacarles partido. Por extraño que parezca, esas dos reacciones hostiles se dan a menudo en los mismos individuos.

Sería muy distinto si los contactos de los europeos con Asia, África y Oceanía se hicieran sobre la base de intercambios culturales. En los últimos años, hemos sentido hasta lo más profundo de nuestras almas que la civilización occidental moderna, incluido nuestro concepto de la democracia, es insuficiente.

Europa padece varias enfermedades tan graves que apenas nos atrevemos a pensar en ellas. Una es el desplazamiento cada vez mayor del campo a la ciudad y de las ocupaciones manuales a las no manuales, lo que amenaza la base física de la existencia social. Otra es el desempleo. Otra es la destrucción deliberada de productos de primera necesidad, como el trigo. Otra es la agitación permanente y la necesidad constante de distracciones.

Otra es la enfermedad periódica de la guerra total. A todo ello se añade hoy la creciente habituación a una crueldad a la vez masiva y refinada, a la manipulación más brutal de la materia humana. Así las cosas, ya no podemos decir ni pensar que hayamos recibido de lo alto la misión de enseñarle a vivir al universo.

A pesar de todo ello, no cabe duda de que tenemos algunas cosas que enseñar. Pero también tenemos muchas que aprender de formas de vida que, por imperfectas que sean, llevan en su pasado milenario la prueba de su estabilidad.

Los acusamos de inmovilismo. En realidad, probablemente todas ellas son decadentes desde hace mucho tiempo. Pero caen despacio.

La desgracia ha suscitado en nosotros, franceses, una añoranza muy fuerte de nuestro propio pasado. Quienes hablan de la tradición republicana de Francia no piensan en la Tercera República, sino en 1789 y en los movimientos sociales de principios del siglo pasado. Los que hablan de su tradición cristiana no piensan en la monarquía, sino en la Edad Media. Muchos hablan de ambas, y pueden hacerlo sin caer en ninguna contradicción. Ese pasado es nuestro; pero tiene el inconveniente de ser pasado. Está ausente. Las civilizaciones milenarias de Oriente, a pesar de sus enormes diferencias, están mucho más cerca de nuestra Edad Media que nosotros mismos. Regodeándonos en el doble resplandor de nuestro pasado y de las cosas presentes, que constituyen una imagen transpuesta de lo primero, podemos encontrar la fuerza necesaria para prepararnos un porvenir.

El destino de la raza humana depende de ello. Porque, al igual que la hitlerización de Europa prepararía indudablemente la hitlerización del mundo —llevada a cabo por los alemanes o por sus imitadores japoneses—, la americanización de Europa prepararía indudablemente la americanización del mundo. El segundo mal es menor que el primero, pero viene inmediatamente después. En ambos casos, la humanidad entera perdería su pasado. Ahora bien, el pasado es algo que, una vez perdido por completo, nunca puede recuperarse. Con sus esfuerzos, el hombre crea en parte su propio porvenir, pero no puede fabricarse un pasado. Lo único que puede hacer es conservarlo.

Los enciclopedistas creían que la humanidad no tenía interés alguno en conservar su pasado. Como quiera que nos encontramos instruidos por una experiencia cruel, nos hallamos en vías de volver a esa creencia. Pero no estamos planteando la cuestión en términos lo suficientemente claros como para zanjarla tajantemente.

El fondo de la cuestión es simple. Si las facultades puramente humanas del hombre son suficientes, no hay ningún inconveniente en hacer borrón y cuenta nueva con el pasado y confiar en los recursos de la voluntad y de la inteligencia, para superar todo tipo de obstáculos. Eso es lo que creíamos, y eso es lo que en el fondo ya nadie cree, salvo los estadounidenses, porque todavía no se han visto aturdidos por el golpe de la desgracia.

Si el hombre necesita una ayuda exterior y si admitimos que esa ayuda es de orden espiritual, el pasado es indispensable, porque es el depósito de todos los tesoros espirituales. La operación de la gracia, en última instancia, pone indudablemente al hombre en contacto directo con otro mundo. Pero solo el resplandor de los tesoros espirituales del pasado puede poner a un alma en el estado que es la condición necesaria para recibir la gracia. Por eso no hay religión sin tradición religiosa, y eso es cierto incluso cuando una religión nueva acaba de surgir.

La pérdida del pasado equivale a la pérdida de lo sobrenatural. Aunque ninguna de las dos pérdidas se haya consumado aún en Europa, una y otra están lo suficientemente avanzadas como para que podamos observar experimentalmente esa correspondencia.

Los estadounidenses no tienen más pasado que el nuestro; se aferran a él, a través de nosotros, por hilos extremadamente tenues. Incluso a su pesar, su influencia va a invadirnos y, si no encuentra obstáculos suficientes, esa misma influencia les robará su pequeño pasado, si puede decirse así, al mismo tiempo que nos privará del nuestro. Por otra parte, Oriente estaba obstinadamente aferrado a su pasado hasta que nuestra influencia, en parte por el prestigio del dinero, en parte por el de las armas, lo ha desarraigado a medias. Pero todavía lo está solo a medias.

El ejemplo de los japoneses demuestra, sin embargo, que, cuando los orientales deciden adoptar nuestros defectos agregándolos a los suyos propios, los elevan a la segunda potencia.

Nosotros, los europeos, estamos en medio. Somos el pivote. El destino de todo el género humano depende sin duda de nosotros, por un espacio de tiempo probablemente muy breve. Si dejamos pasar la ocasión, es posible que pronto nos hundamos no solo en la impotencia, sino en la nada. Si, al tiempo que mantenemos la mirada puesta en el porvenir, tratamos de comunicarnos con nuestro propio pasado milenario; si en ese esfuerzo buscamos un estímulo en una amistad real, basada en el respeto, con todo lo que sigue arraigado en Oriente, tal vez podamos salvar el pasado de una aniquilación casi total y, al mismo tiempo, la vocación espiritual del género humano.

La aventura del padre de Foucauld, vuelto a la piedad, y por consiguiente a Cristo, por una especie de emulación ante el espectáculo de la piedad árabe, sería algo así como un símbolo de nuestro próximo renacimiento. Para ello, es necesario que las poblaciones llamadas de color, aunque sean primitivas, dejen de ser poblaciones sometidas. Desde el punto de vista aquí expuesto, sin embargo, no sería mejor convertirlas en naciones a la europea, democráticas o no; es más, sería una locura, tanto en los casos en que es posible como en los que es imposible. Ya hay demasiadas naciones en el mundo.

Solo hay una solución, y es encontrar un significado para la palabra protección que no sea mentira. Hasta ahora, esa palabra únicamente se ha utilizado para mentir. Si está demasiado desacreditada, podemos buscarle un sinónimo.

Lo esencial es encontrar una combinación mediante la cual las poblaciones no constituidas como naciones, y que se encuentran en ciertos aspectos dependientes de ciertos Estados organizados, sean lo suficientemente independientes en otros aspectos como para poder sentirse libres. Porque la libertad, como la felicidad, se define sobre todo por el sentimiento que se posee. Ese sentimiento no puede venir sugerido por la propaganda ni impuesto por la autoridad. Solo se puede, y muy fácilmente, obligar a la gente a expresarlo sin experimentarlo. Eso es lo que hace muy difícil la discriminación. El criterio es cierta intensidad de vida moral, que siempre está ligada a la libertad.

Hay dos factores favorables para la solución del problema. El primero es que también afectará a las poblaciones más débiles de Europa. Eso puede darnos más esperanzas de que se estudie. Lo que puede afirmarse en principio, ya desde ahora mismo, es que, por ejemplo, la patria anamita y la patria checa o noruega merecen el mismo grado de respeto.

El otro factor favorable es que Estados Unidos, al carecer de colonias y, por consiguiente, de prejuicios coloniales, y al aplicar ingenuamente sus criterios democráticos a todo lo que no le incumbe directamente, considera el sistema colonial sin simpatía. Está, sin duda, a punto de sacudir seriamente Europa, adormecida en su rutina. Ahora bien, al tomar partido por las poblaciones que hemos subyugado, Estados Unidos nos proporciona, sin comprenderlo, la mejor ayuda para resistir a su propia influencia en un futuro próximo. No lo entiende; pero lo desastroso sería que nosotros tampoco lo entendiéramos.

Mientras dure la guerra, todos los territorios del mundo son, por encima de cualquier otra cosa, espacios estratégicos y hay que tratarlos como tales. Ello implica la doble obligación de no decir nada que provoque convulsiones inmediatas y de no privar de toda esperanza de cambio a millones de seres desdichados a los que la desgracia puede arrojar del lado del enemigo. Es además esa doble preocupación la que determina nuestro enfoque de los problemas sociales en Francia.

Pero, dejando a un lado toda consideración estratégica, desde el punto de vista político sería desastroso adoptar una posición pública que cristalizara el *statu quo ante*. Tal vez la desconfianza de los estadounidenses hacia nosotros, cuando no obedece a motivos equivocados, provenga de ese temor legítimo a una cristalización que, al impedir que se planteen problemas urgentes, elimina toda esperanza de resolverlos, hasta el momento en que una nueva catástrofe mundial vuelva a abrirlos.

En materia política y social, nuestra posición oficial consiste en estar disponibles para todo lo que sea justo, posible y conforme a la voluntad del pueblo francés. Esa posición solo puede mantenerse si vale para todos los problemas sin excepción, con la salvedad de que, en todos los problemas relativos a las relaciones con las poblaciones no francesas, cualesquiera que sean, la voluntad del pueblo francés debe conjugarse, en un compromiso que establezca un equilibrio, con la voluntad de esas poblaciones y la de las grandes naciones sobre las que, tras haber alcanzado la victoria, recaerá en mayor o en menor grado la responsabilidad del orden en el mundo.

Hasta fecha reciente, Francia ha sido una gran nación. En la actualidad no lo es. Volverá a serlo rápidamente si es capaz de dar rápidamente los pasos necesarios. Es natural que todos tengamos esa esperanza. Pero Francia no es grande por derecho divino. No hay más jerarquía por derecho divino en materia internacional que en materia política. Reconocer esa verdad es compatible con el patriotismo más intenso.

La gloria pasada de Francia se debió sobre todo a su grandeza espiritual y a la capacidad que parecía poseer para abrir caminos al género humano.

Tal vez pueda recuperar algo de ello, incluso antes de haber recuperado algún poder, antes incluso de la liberación del territorio. Postrada, tumbada en el suelo, aún medio aturdida, quizá todavía pueda intentar volver a pensar en el destino del mundo. No para decidirlo, puesto que no tiene autoridad para ello. Pensarlo, que es algo muy distinto.

Tal vez ese sería el mejor estímulo, el mejor camino para recuperar el respeto de sí misma.

La primera condición es guardarse absolutamente de cristalizar nada de antemano en ningún ámbito.